Andrea Mattei

El arte de hacer la mochila

Una mirada íntima al equipaje del caminante

Vegueta Ediciones

Andrea Mattei (Roma, 1964) es periodista y ha trabajado en diarios, semanarios y revistas mensuales: después de 12 años en *Max*, en 2013 llegó a *La Gazzetta dello Sport*, donde coordina –entre otras cosas– un canal web dedicado al Arte de Caminar.

En cuanto puede, se echa a andar. Pero luego vuelve. Su mochila es ligera.

Vegueta Ediciones
Colección dirigida por Eva Moll de Alba

Título original: ***L'arte di fare lo zaino***

© 2018, Ediciclo Editore srl, Portogruaro, Italia
This translation is published by arrangement with Ediciclo Editore srl via Anna Spadolini Agency, Milano. All rights reserved.

© de esta edición: Vegueta Ediciones S.L., 2025
Calle Mallorca, 293, 3° 1ª
08037 Barcelona
www.veguetaediciones.com
[instagram] @vegueta_ediciones

Traducción del italiano: © Nicolás Pastor Durán
Diseño de cubierta: Juan Carlos Bermudo García
Impresión y encuadernación: Books Factory

Primera edición: octubre de 2025
ISBN: 978-84-19794-69-7
Depósito legal: B 10457-2025

Esta obra fue traducida con la contribución del Centro para el Libro y la Lectura del Ministerio de Cultura de Italia.

CENTRO
PER IL LIBRO
E LA LETTURA

El papel utilizado en este libro procede de bosques gestionados de acuerdo a criterios de sostenibilidad.

CEDRO

Andrea Mattei

El arte de hacer la mochila

Una mirada íntima al equipaje del caminante

Traducción de Nicolás Pastor Durán

Vegueta Ediciones

A mi padre,
de quien heredé la curiosidad.

La riqueza de un hombre se mide en proporción a las cosas
de las que puede prescindir.

Walden, la vida de los bosques. HENRY DAVID THOREAU

Índice

Introducción

Cuando estamos en ruta, uno de los mejores momentos tiene lugar antes de reemprender la marcha, mochila al hombro y bastón en mano, al echar un último vistazo al lugar de descanso. Un último adiós antes de retomar el Camino.

Es natural volverse y detenerse un instante. En parte para estar seguros de no dejar restos (porque el caminante es un viajero de impacto cero; a su paso todo queda inmaculado a excepción de sus huellas), pero también porque el lugar ha sido escogido con meticulosa precisión. Detenerse tras horas de caminata, decidir interrumpir el ritmo regular de los pasos para recuperar el aliento y ordenar los pensamientos es casi un acto de violencia, una alteración del proceso hipnótico del caminar. En ocasiones el recuerdo de los lugares de descanso es el que más perdura en el viajero, más aún que el de los senderos e infinitos paisajes recorridos. Un muro de piedra en la estepa de Murgia, un haya en los Apeninos, bajo la sombra del único arbolito en los prados del Valle de Orcia o sobre un cómodo banco frente al atrio de una iglesia. Te detienes para comer una pieza de fruta o una barrita, sacar la cantimplora o consultar con detenimiento la guía y el mapa, pero escoges deliberadamente ese lugar como punto de enlace entre tú y el territorio que te rodea. Tal vez este gesto contenga el *genius loci* del camino.

Luego reorganizas tu mochila y partes de nuevo, con tu «casa» sobre los hombros. Llevas contigo lo estrictamente necesario tras desprenderte de cualquier lastre antes de emprender tu viaje. Porque el arte de caminar implica reducir, aligerar el pensamiento y despojarnos de la carga que nos ata al día a día. Todo ello para andar con más libertad. A Paolo Rumiz le gusta la metáfora del globo aerostático: «En el fondo existen dos tipos de personas: los camiones y los globos aerostáticos. Los primeros no tiran nada: acumulan y acumulan hasta el final de sus vidas. Los segundos, con el paso de los años, aprenden a soltar lastre para poder volar». Caminar es trabajar por exclusión. Sin embargo, y en consecuencia, también se trata —o sobre todo se trata— del arte de escoger, de seleccionar entre miles de objetos aquellos que serán fundamentales para nuestra supervivencia cotidiana.

Caminar es una elección minimalista, casi depauperante. En siete u ocho kilos de peso el peregrino debe ser capaz de meter en una mochila todo aquello que pueda necesitar en un mes o dos. Con el tiempo ha aprendido a darle su valor a cada cosa. El camino le ha mostrado la cantidad de cosas inútiles que cargamos a diario, pero también le ha permitido ver la importancia de algunos pequeños objetos que pueden resultar indispensables en su viaje.

Cuanto más se entrega uno al camino más necesaria se vuelve la selección de estos útiles: el vestuario adecuado y los accesorios digitales, por supuesto, pero también objetos más modestos que en la vida cotidiana podrían acabar en la basura o en un trastero. Para el caminante pueden adquirir un nuevo valor y volverse compañeros de viaje indispensables en su mochila.

Al final ellos mismos se convierten en protagonistas del camino, artífices del viaje. Su elección define la identidad del caminante. Para él no son objetos anónimos, sino que con el tiempo despliegan su propia y personal biografía. Su propia historia. Se puede viajar en el tiempo recordando el origen de nuestra navaja suiza, rememorar la historia de aquel imperdible, o perseguir las huellas de aquel trozo de jabón de Marsella que nos resuelve duchas y coladas.

Cada uno de los utensilios que ocupa su pequeña porción de espacio en la maleta del peregrino tiene su origen e historia. Estas páginas los recogen. Ellos ayudarán a desentrañar la verdadera identidad del peregrino. Al indagar en los secretos de la cremallera que —igual que nuestros pasos— avanza y retrocede sin tregua, incansable, surge una historia inusual, carente de fechas memorables pero repleta de personajes curiosos y valientes, pequeños grandes héroes que nos legaron una vida mejor.

Ötzi, el hombre de Similaun, caminaba por las montañas del Tirol con un calzado que haría las delicias de cualquier caminante moderno. Un prodigio de san Francisco, padre de todos los peregrinos, encierra la historia del bordón. Del amor por la naturaleza y la experimentación de Henry David Thoreau nace y evoluciona el lápiz. Del mismo modo, no podemos hablar del cuaderno sin hablar de Chatwin. Hay que repasar la historia de la exploración espacial para comprender la grandeza de ese pequeño prodigio que es la lente de Fresnel, mientras que la exploración terrestre nos ha regalado ese milagroso invento llamado GPS, que en apenas segundos nos indica el camino correcto. Debemos agradecer al amor fraternal de una enfermera danesa la posibilidad de calmar las condenadas ampollas; igual que dar las gracias a un músico americano y su pasión por el buceo si hoy podemos dormir plácidamente en los hostales del camino a salvo de los ronquidos que los inundan.

Monseñor Ravasi considera que «la historia de nuestra civilización comienza con una doble caminata: la de Abraham, padre de la fe judía y cristiana, desde la mesopotámica Ur hasta la tierra prometida; y la de Ulises en busca de la patria perdida». También ellos —Abraham con su bastón y Ulises con las orejas tapadas— protagonizan estas páginas.

Al final la historia puede explicarse a través de los pequeños utensilios que escogemos como compañeros de viaje. Le toca al caminante restituir a cada objeto su vida anterior y, al mismo tiempo, velar por la supervivencia de las cosas.

La mochila

Con un metro sesenta de altura, delgado pero atlético, rostro enjuto y afilado, barba desaliñada y piel curtida por el sol, Ötzi nació hace más de cinco mil años. Sin embargo, podemos ver en él a un hombre de nuestro tiempo: signos de estrés, sesenta y un tatuajes en el cuerpo, intolerancia a la lactosa, inclinación a padecer enfermedades cardiocirculatorias y la peligrosa *Helicobacter pylori* rondando por su estómago. Sus orígenes son sardos pero su estirpe debió ser nómada, pues su cadáver fue hallado en la frontera alpina que hoy separa Italia y Austria. Murió en el camino. Llevaba consigo —como cualquier caminante de cualquier época— una mochila; de hecho se trata de la mochila más antigua conservada hasta hoy.

Ötzi, más conocido como «el Hombre de Similaun», por la montaña cercana al lugar donde en 1991 fue hallado su cuerpo, llevaba una mochila de madera. Fueron Erika y Helmut Simon, un matrimonio de Núremberg, quienes durante una ruta de senderismo vislumbraron la momia emergiendo del glaciar tirolés. Igual que su dueño, la mochila data de la primera Edad del Cobre, entre el 3300 y el 3100 a.C.

Desde siempre los pueblos de montaña han transportado sobre sus hombros grandes y pesados bultos cuando no podían contar con animales de carga. Con el paso del tiempo y la evolución de los materiales comenzaron a producirse mochilas de piel o tela. Pero la primera y más importante evolución en la historia de nuestra fiel compañera de viaje, a quien confiamos las cosas más vitales para nuestro peregrinaje, tiene lugar en Noruega a principios del siglo pasado.

Ole Ferdinand Bergan fabricaba y arreglaba bicicletas en Tønsberg, una pequeña ciudad a cien kilómetros de Oslo. Pero ante todo era un audaz inventor, un joven de mente brillante y creativa, capaz de obtener hasta cuarenta y cinco patentes en los más diversos campos. Entre finales del siglo xix y principios del xx inventó, por nombrar algunos, las fijaciones para esquís, un arpón eléctrico para la caza de ballenas y un motor de combustión sin válvulas.

En 1908, durante una batida de caza en las montañas de Skrimfjella, tuvo que detenerse porque la mochila le molestaba en los hombros. Cogió una ramita de enebro, le dio forma y la colocó en la parte posterior de la mochila, descubriendo así que esta se adhería mucho mejor a la espalda. Acababa de inventar el primer armazón externo, cuya ventaja principal es dotar a la mochila de una estructura más ergonómica y permitir que el aire circule por la espalda. Obviamente con los años la ramita de enebro fue sustituida por una madera más pulida y resistente, pero aquel día de 1908 y gracias a esta idea nacía Bergans of Norway, empresa que hoy en día mantiene su primado en la producción de mochilas y ropa de montaña. La incorporación del armazón externo fue tan revolucionaria que en 1913 el ejército noruego adquirió para sus soldados una gran cantidad de mochilas Bergans. En esa misma época la marca creada por Ole llegó a los rincones más recónditos del planeta a hombros de ilustres exploradores como el noruego Roald Amundsen y el americano Lincoln Ellsworth en los glaciares polares, o el general inglés Charles Granville Bruce en las laderas del Everest.

En la segunda posguerra, y en años más recientes, otras mochilas llegaron a otros tantos puntos remotos del planeta: conquistando la cima del Everest por la ladera oeste por primera vez a hombros de Unsoeld y Hornbein (1963); con las expediciones del National Geographic (1966); con el primer americano en el K2 (1975) y en las Seven Summits (1983). Se trata de las mochilas creadas por Asher *Dick* Kelty, leñador y gran excursionista, nacido en Minnesota pero criado en California. Harto de cargar pesadas mochilas de tela con una estructura de madera (modelo Bergans, vaya), en 1952 pidió un préstamo de quinientos dólares y se encerró en casa. Nina, su mujer, se dedicaba a coser almohadillas en el salón mientras él modelaba y soldaba aluminio en el garaje. Al cabo de un año, completado el trabajo, convirtió su propio salón en una tienda improvisada y en pocos días logró vender veintinueve mochilas fabricadas en nylon con un livianísimo armazón de aluminio. Le quedaron 678 dólares de beneficios, y todo un camino por recorrer.

Así fundó la marca Kelty, empresa líder en el mercado de actividades al aire libre. Al poco tiempo de aquella primera apuesta, durante una excursión, notó que su compañero apoyaba las puntas de la estructura en su pantalón, librando a los hombros de gran parte del peso distribuyéndolo en las caderas. Al volver a casa se puso manos a la obra y enganchó al armazón una correa para atarse a la cadera; un elemento que hoy consideramos fundamental en cualquier mochila. Con esta y otras pequeñas constataciones el inventor, apodado con los años «el Henry Ford de las mochilas», nos ha ido obsequiando modelos cada vez más funcionales y cómodos, fabricados con tejidos sintéticos livianos y aluminio, tirantes acolchados, correa de cintura, bolsillos con cremallera...

Estas mochilas de nailon de colores brillantes, con una estructura de aluminio ligero donde poder colgar cómodamente nuestra tienda de campaña o nuestro saco de dormir, nos han acompañado en nuestros mejores años. Paseadas con orgullo y maltratadas por todo el globo por autoestopistas, senderistas, campistas y mochileros de todo tipo, son el emblema de la aventura libre de los setenta y ochenta.

Nosotros, peregrinos del futuro, con nuestra ropa técnica y nuestros flamantes cachivaches perennemente conectados al mundo y al universo, tenemos la suerte de contar con las mochilas más innovadoras, modelos de auténticos viajeros modernos que nos hacen sentir protegidos ante cualquier imprevisto. Hay que agradecer por ello a otro legendario aventurero, un brillante inventor americano encerrado —cómo no— en su garaje en Colorado, en las faldas de las Montañas Rocosas. En 1967, Greg Lowe, escalador, fotógrafo y cineasta, estaba en su laboratorio cuando se le ocurrió una idea genial: coser el famoso armazón al interior de la mochila y añadir plástico y titanio al aluminio. De este modo obtuvo una mochila más compacta, ergonómica, con malla de ventilación y cuya carga era mucho más estable. Aquel día de 1967, junto a su hermano Jeff, alpinista revolucionario y futuro autor de proezas legendarias en la historia de la escalada (¿a alguien le suena *Metanoia*?), nacía Lowe Alpine. En los años venideros, con sus mochilas y material técnico para escalada, marcaría tendencia y dejaría su huella en montañas de todo el mundo. Jeff Lowe, asistido por su hermano Greg, combate hoy una enfermedad degenerativa, pero sigue recibiendo premios por sus hazañas del pasado.

Ötzi, el caminante, murió por causas violentas a los cuarenta y seis años, herido a traición por la espalda por una flecha que lo alcanzó bajo la escápula izquierda. No sabemos quién lo mató ni por qué, igual que no podemos saber cuánto más habría vivido de haber sido capaz de superar la línea divisoria alpina y proseguir su camino hacia el norte; aunque llegó a una edad realmente avanzada para la esperanza de vida de la época, que no superaba los treinta y cinco años. Podemos imaginarlo caminando, subiendo y bajando los valles y montañas, con las cuatro cosas que lo ayudarían a sobrevivir un día más metidas en su confiable mochila.

El calzado

Alto o bajo, blando o rígido, de piel o sintético, con Gore-Tex o sin... Sobre el calzado del caminante se ha debatido mucho sin llegar nunca a un acuerdo. El asunto no es para menos, pues están en juego no solo la salud del pie y la calidad de la caminata, sino las marcas que el peregrino deja tras de sí, sus huellas. En la iglesia de Santa Irene en Cantignano, provincia de Pescara, junto al pórtico pueden verse cuatro sandalias grabadas en el mármol, forma habitual de los devotos de la Edad Media de testimoniar su peregrinaje, que llevaban a cabo religiosamente a pie. Desde Santa María Arabona de Manoppello hasta la Abadía de Cerrate, desde el Abruzo hasta Apulia, de Sicilia al Véneto, son muchas las iglesias objeto de peregrinaje que aún conservan estas marcas de andanza.

En el antiguo Egipto las sandalias, símbolo del camino, eran un calzado al alcance de unos pocos elegidos: solo las llevaban figuras de alto rango y su custodia se encargaba a funcionarios de la corte. El rey Den, uno de los primeros faraones egipcios, alrededor del año 3000 a.C. enganchó a sus sandalias una pequeña etiqueta de cinco centímetros por cinco, muy fina, procedente del colmillo de un hipopótamo; una especie de identificación, la tarjeta de presentación del faraón que lo acompañaría al más allá y lo haría reconocible ante los demás habitantes de las tinieblas. En el reverso aparecía la silueta de un calzado, la sandalia real, mientras que en la parte frontal se representaba el poder —despótico— del rey. Preservada hasta nuestros días gracias al limo del Nilo esta etiqueta se conserva hoy en el Museo Británico de Londres como una página clave para interpretar una época pasada.

Sin embargo, hoy la sandalia sería un instrumento anticuado para el caminante contemporáneo, que dispone de calzado más avanzado y con mejor agarre. Aunque para aprender el arte de caminar habría que fijarse más bien en los porteadores nepalíes o pakistaníes que son capaces de cargar hasta veinticinco kilos y andar en chanclas o sandalias de plástico con paso firme sobre piedras y terrenos escarpados sin tropezar.

Nuestro querido Ötzi, el caminante de Similaun, se disponía a cruzar la divisoria alpina con un calzado apto para largas travesías. El interior era una especie de red fabricada con corteza de tilo que sujetaba un relleno de hierbas secas para aislar del frío y la humedad. El exterior estaba formado por tres tipos de piel: ciervo y ternera para la parte superior y oso para la suela. Cuerdas de rafia a modo de cordones mantenían el zapato cerrado y bien sujeto al pie. Existe evidencia científica que respalda la eficacia de este calzado de más de cinco mil años de antigüedad: Petr Hlaváček, investigador checo de la Universidad Tomas Bata de Zlín, fabricó en 2005 una serie de réplicas de los zapatos de Ötzi. Usó los mismos materiales y las mismas técnicas de fabricación y luego los probó personalmente. «Es como caminar descalzo, pero mejor. Son cómodos, perfectos para terrenos duros y aptos para ambientes fríos y cálidos; también son muy resistentes, soportan bien los impactos y tienen un excelente agarre». Algunos alpinistas también los han probado en condiciones extremas y el resultado siempre ha sido de aprobación unánime. El alpinista checo Vaclav Patek quiso meterse en la piel de nuestro antepasado prehistórico y caminó durante dos días precisamente por las montañas de Similaun. Los encontró «mejores que muchos calzados modernos». Tanto es así que una empresa americana ha lanzado las Otz-Shoes, réplicas contemporáneas de los zapatos de Ötzi.

En realidad, los que calzaba el Hombre de Hielo de Similaun son los segundos zapatos más antiguos que nos han llegado. El primer puesto lo ocupa un mocasín hallado en 2008 en una cueva en Armenia. Ese año las cavernas del complejo Areni-1 proporcionaron hallazgos extraordinarios que datan de la Edad del Cobre. En estas tumbas primitivas se descubrieron varias vasijas de terracota, una de las cuales contenía los cráneos de dos mujeres jóvenes del 5000 a.C.; en uno de ellos se halló un poco de tejido cerebral. De hecho, se trata de los restos de cerebro más antiguos conservados. Luego, bajo una capa de excrementos de oveja, se halló un zapato de piel de buey en perfecto estado. Un mocasín de hace siete mil años, de diseño moderno con acolchado de hierbajos, como el de Ötzi. A poca distancia, en un yacimiento para la elaboración de vino datado de la misma época, se hallaba un lagar de arcilla donde pisar la uva con los pies, conectada a una cubeta para la fermentación, así como tinajas para la conservación. Vino y zapatos antiguos, elementos fundamentales también en la vida del caminante moderno.

Teniendo en cuenta que los zapatos de nuestros antepasados eran tan funcionales como los de hoy en día, no creo que valga la pena repasar aquí milenios de evolución del calzado. Ya hay una ciencia que se ocupa de ello, la calceología. Mucho más importante para la firmeza de nuestros pasos es lo que ocurre bajo nuestros pies: si hoy podemos avanzar seguros y estables, sin miedo a resbalar o tropezar por cualquier tipo de terreno, se lo debemos en parte a una tragedia que tuvo lugar hace casi un siglo. A mediados de septiembre de 1935 una comitiva de diecinueve alpinistas guiados por cuatro académicos del Club Alpino Italiano, entre los cuales se encontraba el guía de montaña Vitale Bramani, salieron de Milán hacia una excursión dominical por las montañas de Val Masino, en Lombardía. Como de costumbre, los excursionistas dejaron sus botas de cuero al pie de la pared y se calzaron las alpargatas de cáñamo, más adecuadas para la escalada en roca. Tras seis horas de fácil ascenso conquistaron la cima de Punta Rasica, a 3300 metros de altitud. De repente, el clima cambió de forma drástica y brutal: viento helado, lluvia y después nieve azotaron al grupo, que quedó atrapado durante mucho tiempo con un equipamiento casi veraniego. Antes de que la ayuda pudiese llegar transcurrieron horas fatales, lo cual provocó la muerte de seis alpinistas.

Fueron varias las causas de la tragedia, pero sin duda la inadecuación del calzado fue un componente decisivo; ya sea de cuero o de cuerda, esos zapatos no garantizan el aislamiento térmico en caso de lluvia o nieve. Se mojan y se vuelven pesados además de perder cualquier agarre al terreno. Bramani, quien sobrevivió a esta terrible experiencia, se juró a sí mismo hallar una solución para que una desgracia de esta índole no volviese a repetirse jamás.

Vitale Bramani, carpintero de oficio, como su padre, tenía una tienda de artículos deportivos en el centro de Milán. Volvió de Val Masino convencido de poder crear un nuevo calzado dotado de una suela especial, con clavos de goma. Dibujó un extraño patrón de figuras geométricas de ángulos marcados y con aquel primer esbozo hizo un prototipo en madera. Luego, gracias a su amistad con Franco Brambilla, cuñado de Leopoldo Pirelli e ingeniero de la casa Pirelli, hizo un molde de acero con el que fabricó la primera suela de goma, de diseño geométrico, bordes definidos y profundos surcos entre los tacos, patentada como «suela de tanque». Decidido a lograr en las suelas de los zapatos el mismo agarre que los neumáticos de los coches fabricó junto a Pirelli una mezcla especial de goma vulcanizada que, unida al particular diseño «de tanque», dieron inicio a una nueva era en la firmeza al caminar. Y a una nueva empresa que tomó el nombre de las iniciales de su fundador: Vibram.

En 1937 Vitale Bramani y Ettore Castiglioni, célebre alpinista (y antifascista) de la época, certifican oficialmente la eficacia de la suela coronando el Piz Badile por la pared noroeste. Toda una hazaña que pasará a los anales del alpinismo, en parte por el calzado utilizado. Las suelas Vibram irrumpen así en el mundo del alpinismo, listas para hacer historia. En 1954 guiaron a Compagnoni y Lacedelli (y al resto de la expedición encabezada por Ardito Desio) a la conquista del K2. Botas Dolomite y seis tipos de mezclas distintas de suelas Vibram pensadas para todo tipo de terreno protegieron los pies de Bonatti y compañía en aquella épica hazaña.

Hoy salen cada año cuarenta millones de suelas Vibram desde las fábricas en Italia, China, Brasil y Estados Unidos destinadas a los usos más dispares: para los soldados de ejércitos de medio mundo, bomberos, alpinistas, personas del mundo de la moda y, por supuesto, caminantes de todo tipo. Actualmente están desarrollando una suela capaz de recargar la batería del teléfono del peregrino con la energía de sus propios pasos. Porque los zapatos del caminante generan un flujo constante e infinito de corriente limpia y sostenible. El ejemplo perfecto de energía renovable, mientras haya camino...

El bordón

La pionera fue Lucy (ella o uno de sus antepasados) hace tres o cuatro millones de años. El clima cambió y las selvas, que en esa zona del África Oriental llevaban ya unos siglos en retirada, daban paso a una nueva vegetación: la hierba alta les ocultaba el horizonte a los cuadrúpedos acostumbrados a encaramarse a los árboles para escrutar a lo lejos y defenderse del enemigo. La sabana se abría paso y el australopiteco debía adaptarse al nuevo hábitat. Lucy, o probablemente alguien antes que ella, se irguió sobre sus pies, alzó la vista para ubicarse y poder ver más allá de la vegetación en busca de alimento o posibles peligros.

Por supuesto, nuestra antepasada no se volvió bípeda de la noche a la mañana. Fue un proceso evolutivo largo y arduo y seguramente al principio, para dominar el nuevo equilibrio, usara un bastón a modo de tercera pierna. Los primeros pasos debió darlos con la ayuda de un bastón primitivo, aprendiendo después a cargar con ese compañero de madera durante toda la jornada. En primer lugar, para caminar y abrirse paso por la sabana, pero también como defensa contra animales salvajes que pudieran salirle al paso; tal vez incluso llegara a enarbolarlo como símbolo de guía para el resto de la tribu.

Algo parecido a lo que ocurrirá en años venideros: imposible imaginar, por ejemplo, a Abraham guiando al Pueblo Elegido sin su bastón. Hoy recibe el nombre de báculo en el caso de los obispos y férula para el papa, pero en cualquier caso se trata de una vara de guía y de mando. Moisés y su hermano Aarón, antes y después del éxodo, llevaron a cabo toda suerte de prodigios a golpe de bastón: desataron las plagas de Egipto, desafiaron al faraón transformando el bordón en una serpiente e hicieron brotar de una vara flores y almendras dulces por un costado y frutos amargos por el otro. La vara florecida de Aarón descansa en el Arca de la Alianza como símbolo perpetuo de intercesión por la salvación de su pueblo. El bastón es también fiel compañero del pastor que guía al rebaño. Moisés, por mandato de Dios, alzó su vara para abrir las aguas del Mar Rojo y conducir a su pueblo a la Tierra Prometida; para aplacar la sed de los fugitivos hizo manar agua de una roca con un toque de su bastón.

Sin duda el bastón juega un papel fundamental en las Sagradas Escrituras como instrumento de la voluntad divina. En la iconografía del matrimonio de María, más que el anillo nupcial, lo que llama la atención es el bastón de José, pues igual que el de Aarón brota y florece. Lo mismo ocurre con San Francisco. En 1213 el Pobrecillo de Asís, padre de todos los peregrinos, se dirigía exhausto hacia San Leo por los senderos de los Apeninos cuando se le enredó la túnica con una ramita mustia de ciprés. Francisco recogió la rama y la utilizó de bordón para ayudarse el resto del camino. Cuando llegó a su destino, el convento de Verucchio, decidió quemar el bastón para caldear la estancia, pero el tronco no prendió y permaneció intacto entre las llamas. «Si no quieres arder, ¡brota!», exclamó el santo plantando la rama en el suelo. Germinó en el acto. A día de hoy, en el claustro del convento de Verucchio, el ciprés surgido del bastón de Francisco es un monumento nacional. Con veintiocho metros de altura y cinco de diámetro, ha superado innumerables adversidades. Sobrevivió al fuego de los franceses en 1798, así como a dos intentos de tala y los cañonazos de varias guerras; durante la tromba de aire de 1980 se dobló, pero no llegó a partirse aunque perdió más de cuatro metros de su copa. Ahora, sostenido por tres enormes prótesis metálicas oxidadas que recuerdan a la estructura del puente de Brooklyn, sigue allí perpetuando el misterio del bordón de Francisco.

> *De un matorral —era una mañana*
> *triste y dulce— arrancó su bordón*
> *y tras volver el rostro emprendió la marcha.*

Ya sea de un pastor o de un peregrino, el bastón ha sido fuente de inspiración para muchos poetas. El mismo Pascoli le dedicó uno de sus poemas:

> *Desde entonces vagaba. Solo el bordón seco*
> *iba con él; aquí tendía su mano,*
> *allí la posaba, con regocijo y con pena.*

Por su parte, D'Annunzio celebra el rito de la trashumancia de los pastores del Abruzo («Septiembre: en marcha. Es tiempo de migrar») que con la vara de avellano guían a los rebaños en su peregrinaje anual hacia el mar de Apulia.

Hoy igual que ayer los pastores caminan a un lado del rebaño; en algunas regiones se ayudan con silbidos mientras en otras llevan un cayado, una vara de mimbrera que sirve tanto para guiar a las ovejas como para mantener a raya a perros salvajes y lobos.

Según San Ambrosio, el bastón del pastor debía ser «de punta afilada para desperezar a los rezagados, cuerpo recto para guiar a los débiles y curvo al final para reunir a los extraviados».

De hecho, el bordón de los peregrinos cambia varias veces de forma a lo largo de los siglos. En el hospital de Altopascio se muestra a San Jacobo (o Santiago si se prefiere) con su bastón entre manos. Este tiene tres pomos: el primero, en el extremo superior, sirve de maza; el segundo, un poco más abajo, como apoyo para la mano o para atar una bolsa; el tercero, más abajo, para sostener mejor la vara con ambas manos en caso de enfrentamiento.

A lo largo de la historia el bordón ha sido un símbolo fundamental de reconocimiento del peregrino: en el derecho a la hospitalidad que reconocen las *leges peregrinorum* se menciona como condición indispensable para su identificación. En la Edad Media la bendición del bordón antes de la partida era obligatoria.

Durante el camino el bastón sirve como instrumento de apoyo, ayuda a recoger frutos de los árboles, llevar bultos de todo tipo, abrirse paso entre la vegetación, así como defenderse ante malhechores y animales más o menos peligrosos como lobos, osos o jabalís. Por esta razón es habitual añadirle una punta de metal para herir, o cuanto menos intimidar.

En el siglo XVI el pomo central que servía para apoyar la mano se transformó en una especie de gancho amplio, útil tanto para cargar peso como para bloquear los cortes de arma blanca; tanto es así que las figuras heráldicas lo representan de este modo. A menudo de este gancho colgaba un retal o una cinta. Los peregrinos medievales sumergían la tela en el agua bendita de las iglesias visitadas para conservarla como recuerdo. A día de hoy algunos peregrinos nostálgicos mantienen esta tradición.

Sin embargo, los caminantes del tercer milenio prefieren viajar con dos bastones telescópicos, cuya mayor ventaja, según afirman, es que pueden guardarse en la mochila cuando no se utilizan, además de contribuir a un equipaje más liviano. Se olvidan de que una vara tradicional podría resultarles tan útil como a sus antepasados, no solo para acompañarlos en cada paso del camino sino para defenderse del ataque de algún perro malintencionado. Y más aún: con un bordón en la mano el caminante moderno podría sentir en su piel siglos de historia de peregrinaje y perpetuar así esta antigua tradición. Basta con coger un bastón para sentir que caminamos junto a Lucy, nuestra antepasada, o al lado de Francisco de Asís, padre de todos los peregrinos.

El lápiz

Las madres lo saben todo, incluso lo que está por venir. Cuando el joven e inquieto Henry David le preguntó a su madre qué carrera profesional le aconsejaba emprender, ella respondió sin dudar: «Ata bien tu mochila de tela y recorre el mundo con serenidad en busca de fortuna». En aquel momento él lloró, mientras su hermana Helen lo consolaba con ternura. Le afligía pensar que debía abandonar su amada Concord, sus bosques infinitos y el agua profunda y transparente de sus lagos. Pero fue en ese punto que comenzó a formarse el espíritu errante que a día de hoy generaciones de caminantes reconocen en Henry David Thoreau.

Con un abrigo gris raído y un sombrero cualquiera Henry David viajaba a pie por sus tierras; siempre llevaba consigo un trozo de sebo para untar sus botas, en caso de que estuvieran más sucias que su rostro. «La forma más económica de viajar y llegar al lugar más lejano por el camino más corto es ir a pie», decía, «llevando consigo una cuchara, un tenedor, un anzuelo, pan, sal y azúcar». Antes de comenzar su excursión se informaba y documentaba; siempre tenía a mano un mapa de Massachusetts y la lista de las —pocas— cosas que guardaba en su mochila: material de costura, un herbario, anteojos, brújula y cinta métrica. «La riqueza de un hombre se mide en proporción a las cosas de las que puede prescindir.» También dominaba el arte de la acampada: sabía plantar una tienda o construir una cabaña. Este equipaje lo libraba de horarios y reservas hoteleras y le permitía tomarse su tiempo para observar la flora y la fauna de los lugares que iba descubriendo, así como dejarse guiar por la fantasía o el instinto.

Este es el Thoreau que conocemos, el caminante profesional («paseante», como él mismo se define), que después de su experiencia vital en los bosques cercanos a su cabaña junto al lago Walden se entrega por completo a su verdadera empresa: el estudio de la naturaleza salvaje. Su cometido es transcurrir al menos media jornada al aire libre, contemplar la salida y puesta del sol, captar lo que el viento trae consigo, dar cuenta de las últimas novedades de los bosques y las cimas... convertirse en el «inspector de tormentas de lluvia y nieve». Este es el Thoreau que nos ha llegado a través de libros memorables: sin duda *Walden*, pero también *Caminar* o *Desobediencia civil*, que inspirará la lucha no violenta de Gandhi y Martin Luther King.

Pero antes de todo esto, antes de emprender su camino, Henry David había sido un estudiante más, un joven de mediados del siglo XIX en busca de su futuro. Se aventuró con la enseñanza, pero su intento de reemplazar el castigo físico sobre el alumnado por sermones moralizantes no fue bien recibido por la junta escolar, a la que preocupaba que demasiada indulgencia pudiera influir negativamente en el funcionamiento del centro.

Fue en esta época cuando comenzó a trabajar en la fábrica de lápices de su padre John; lo hizo con su característica diligencia y dedicación, demostrando una particular destreza. En poco tiempo logró contribuir al sector con notables aportaciones perfeccionando el singular proceso de tratamiento del grafito. Gracias al uso de la tierra de Fuller transformó el grafito pulido en una pasta refinada que luego se extendía en láminas, se cortaba en tiras y finalmente se cocía. El ingenio de Thoreau procedía justamente de la observación de la naturaleza: la tierra de Fuller es una arcilla rica en minerales que los pastores utilizaban en la antigüedad para absorber grasa y lanolina de las ovejas, obteniendo así una lana de mayor calidad. Durante siglos (y aún a día de hoy) esta arcilla se ha empleado con fines médicos y cosméticos. Al mezclarla con el grafito se consigue un compuesto de textura ideal para la escritura, dando origen a la materia prima de los lápices fabricados por la familia Thoreau. Pero una vez dominados todos los secretos del oficio y obtenida en Boston su certificación de excelencia en la práctica, anunció de golpe su intención de abandonar el sector. No quería volver a fabricar un solo lápiz: «Nunca hago la misma cosa dos veces».

Cabe destacar que la historia del lápiz se remonta mucho más atrás en el tiempo y es notablemente más rica y extensa en anécdotas y personajes que lo aquí expuesto; de hecho, no está exenta de misterios. Por ejemplo: su forma actual suele atribuirse a una pareja italiana, Simonio y Lyndiana Bernacotti, de quienes se sabe muy poco; incluso hay quien sostiene que en realidad eran hermanos. Lo cierto es que hacia finales del siglo XVI ellos concibieron la idea de insertar un cilindro de pasta de grafito dentro de una ramita de enebro dividida longitudinalmente y vaciada de su médula para luego unir de nuevo las dos mitades y dejar secar la mina, dando vida al primer «lápiz de carpintero».

Este tipo de lápiz, es decir, una mina de grafito inserta en un cilindro de madera, práctico y manejable, fue descrito por primera vez por el estudioso suizo Conrad Gessner. Naturalista, teólogo y bibliógrafo, Gessner fue poseedor de una cultura polifacética y cultivó un sinfín de disciplinas, desde la teología hasta la filología, pasando por la botánica, la zoología y la medicina. Además, era un notable lingüista: en 1555 publicó un tratado sobre las ciento treinta lenguas conocidas en el mundo por aquel entonces, e incluyó el padrenuestro en veintidós idiomas distintos. Pero olvidó dejarnos el nombre del inventor del lápiz.

Lo que sí conocemos es la fecha de cumpleaños de este objeto de culto, compañero fiel e imprescindible de cualquier peregrino: el 10 de septiembre de 1795, día en que Nicolas-Jacques Conté puso en marcha su producción. Pintor, químico, físico e ingeniero, durante toda la segunda mitad del siglo XVIII Conté fue admirado por muchos, entre otras cosas por sus dotes en el manejo del globo aerostático. Tanto es así que Napoleón lo quiso a su lado en la campaña de Egipto: «Es un hombre de mundo con el gusto, las habilidades y el genio capaces de hacer brillar las artes de Francia en pleno desierto árabe». En aquella época, tras una tormenta, Francia ya no podía importar grandes cantidades de grafito del yacimiento inglés descubierto en 1564. Conté se encerró en su casa durante ocho días hasta que dio con una idea: mezclar el grafito con arcilla para crear una pasta más económica y maleable, ideal para las minas de los lápices. Este fue el hallazgo que consagró al ingenioso personaje como figura histórica. A día de hoy los lápices y pasteles de la marca Conté siguen siendo compañeros inseparables de artistas y escritores.

A lo largo del tiempo otras familias han ido erigiendo su fortuna (y su fama) gracias a este negocio. Entre ellas la dinastía alemana de los Faber, nacida de la perspicacia del carpintero Kaspar y que, en poco tiempo, gracias a la iniciativa de su heredero Lothar, obtendría el rango de nobleza. En 1856, la familia obtuvo el derecho exclusivo de explotación de una mina de grafito descubierta por un buscador de oro en los Montes Altái, en Siberia. Los Faber transportaron este lejano grafito a lomos de renos hasta el río Amur, luego en balsas hasta el Mar de Japón, más tarde a bordo de buques mercantes, doblando el Cabo de Buena Esperanza y cruzando los océanos Índico y Atlántico para finalmente llegar al puerto de Hamburgo. Una vez en Núremberg fabricaban los famosos lápices de alma siberiana y un cuidado exterior de madera de Florida. Hoy los lápices Faber se producen en Brasil, en la mayor fábrica del mundo, y todavía mantienen la esencia de los viajes, la aventura y la exploración de antaño.

En el fondo la dinastía Faber poseía la misma voluntad de experimentar y aprovechar los infinitos recursos de la naturaleza que nuestro Henry David Thoreau, que hizo del viaje, la aventura y la exploración el centro de su vida. A él

dirigiremos nuestro pensamiento cuando al atardecer, refu-
giados en algún albergue, tomemos lápiz y cuaderno para
hilvanar nuestros pensamientos tras una larga jornada caminando. Así, poniendo orden a las emociones y sugestiones que
la naturaleza nos habrá regalado, escribir sobre amaneceres
y puestas de sol, dar cuenta de las últimas novedades de los
bosques y las cimas, y convertirnos también en relatores «de
tormentas de lluvia y nieve».

La libreta

Dejé mis lápices en una jarra y junto a ésta, la navaja del ejército suizo. Saqué algunos blocs de notas y con la pulcritud obsesiva que acompaña el comienzo de mis proyectos formé tres pilas perfectas con mis libretas «parisinas».

Navaja multiusos, lápiz y libreta: tres de los ingredientes favoritos del perfecto trotamundos, es decir, de todo peregrino que se precie, tal y como explica Bruce Chatwin, escritor, viajero y acumulador empedernido de blocs de notas. Tres ingredientes más uno, porque la pulcritud obsesiva no es un detalle que incluya de forma trivial el autor de *Los trazos de la canción*.

En italiano recibe el nombre de *taccuino*, que deriva del árabe *taquîm* y significa «orden natural, disposición ordenada». Esta palabra llega a la lengua italiana a través de los médicos árabes de la Escuela Salernitana y sus *Tacuina sanitatis*. La historia comienza alrededor del año 1000 bajo los arcos del acueducto de Via Arce, una majestuosa obra construida —al parecer en una sola noche de tormenta con la ayuda fundamental de una tropa de diablos— por el famoso médico alquimista Pietro Barliario, estudioso de textos de magia de la tradición árabe. Aún hoy estos altísimos arcos, rebautizados en su momento como «Puente del Diablo», infunden no poco temor y superstición a los habitantes del centro de Salerno.

Fue precisamente bajo estos arcos y en otra noche de tormenta allá por el año 1000, donde halló cobijo Pontus, un peregrino griego en camino hacia quién sabe dónde. Poco después, Salernus, un viajero latino malherido, se detuvo en el mismo lugar. Mientras improvisaban vendajes y curas para el cuerpo del viajero itálico, otros peregrinos se sumaron: el judío Helinus y el árabe Abdela. Todos se interesaron por las heridas del pobre peregrino y se esmeraron por curarlas, percatándose así de que los unía el interés por las artes médicas. Aquella noche oscura y tormentosa decidieron formar una hermandad para compartir y divulgar sus conocimientos. Así nació la Escuela Salernitana, la primera y más importante institución médica de Europa durante toda la Edad Media.

Procedentes de la tradición árabe del doctor Abdela y gracias a su unión con los tres compañeros peregrinos llegaban así a Salerno, y por ende a Europa, los *Taquîm al-ṣiḥḥa*, traducidos luego como *Tacuina sanitatis*, y con ellos otras normas higiénicas y dietéticas propias de la medicina racional árabe. También llegaron valiosos y revolucionarios manuales sobre las propiedades médicas de las hortalizas, árboles frutales, especias y alimentos, así como las estaciones, fenómenos naturales y disposiciones del ánimo.

Estos manuales *ante litteram* esconden la receta para la buena salud, seis principios fundamentales para lograr una vida sana y duradera: alternar movimiento y reposo de forma adecuada, respirar aire puro, comer y beber en su justa medida (se recogen hasta diez beneficios procedentes de un consumo moderado de vino), evitar los excesos en el sueño y en la vigilia, equilibrar la supresión y retención de los humores y ser capaz de dominar los estados de ánimo, es decir, saber controlar la alegría, la ira, el temor o la angustia. En suma, el vademécum del estilo de vida de cualquier caminante contenido en el primer cuaderno del que se tiene constancia.

Un simple bloc de notas puede permitir viajar en el tiempo.

Isaac Newton, por ejemplo, era un hombre acostumbrado a subvertir el orden establecido. En 1661, cuando llegó al Trinity College de Cambridge, los profesores le sugirieron usar un solo cuaderno grande para tomar notas de todos sus cursos. Sin embargo él, como buen inconformista (o tal vez fiel al principio de orden contenido en la palabra *taquîm*), adoptó la costumbre de utilizar una sola libreta para cada asignatura: en una cara apuntaba conceptos y reflexiones, y en la otra ideas y, sobre todo, preguntas que le surgían mientras estudiaba.

Las sinfonías de Ludwig van Beethoven surgieron en los cuadernos que el célebre compositor solía llevar consigo durante sus largas caminatas por las calles y campos de Viena. Convencido de que escribir estimulaba su imaginación, Beethoven anotaba con regularidad fragmentos de poemas y relatos que deseaba recordar. En 1818, cuando su hipoacusia derivó en sordera total, los llamados «cuadernos de conversación» se vuelven una herramienta imprescindible para comunicarse con amigos y colaboradores.

Ralph Waldo Emerson, filósofo trascendentalista, amigo y mentor de Henry David Thoreau, llenó un total de doscientos sesenta y tres cuadernos. Aunque no se sabe si utilizó lápices fabricados por su «discípulo» Thoreau, es indudable que esos cuadernos contenían notas y borradores para sus libros, citas de autores de interés, apuntes sobre los textos que leía, así como comentarios sobre las personas con las que se relacionaba y los lugares que visitaba. Fiel a su inclinación por el orden, Emerson sintió la necesidad de crear un índice de cuatrocientas páginas que facilitara el acceso, tanto a él como a otros, a esa vasta colección de pensamientos.

En 1857 Mark Twain adquirió su primer cuaderno. Horace Bixby le estaba enseñando a pilotar barcos de vapor en el río Misisipi y él registraba en esas páginas numerosas notas sobre las lecciones importantes. Durante el resto de su vida siguió anotando reflexiones sobre religión y política, comentarios sobre las personas con las que se relacionaba, dibujos y bocetos de lo que veía en sus viajes; también tramas para posibles libros y, cómo no, sus memorables frases breves. Llegó a llenar más de cincuenta cuadernos, la mayoría fabricados «a medida» para él. Solía estrenar un cuaderno al inicio de cada nuevo proyecto, aunque luego los convertía en diarios donde combinaba apuntes cotidianos, ideas e incluso alguna broma subida de tono.

Thomas Edison, a quien en 1997 la revista *Life* nombró el hombre más importante del milenio por su lámpara incandescente que «ilumina el mundo», anotaba sus inagotables ideas en numerosos cuadernos. Observaciones sobre fenómenos naturales, bocetos de nuevos inventos y resultados de experimentos colmaban esas páginas antes de convertirse en alguna de las 1970 patentes a su nombre. El piano eléctrico, la seda artificial, un fonógrafo para muñecas, tinta para ciegos... todo comenzaba en su *Private Idea Book*. Cuando creó el laboratorio de investigación, Menlo Park se aseguró de inculcar esta práctica a sus colaboradores: en solo diez años saldrían de ese laboratorio más de 2500 cuadernos, cada uno de unas 250 páginas.

Por último, no podían faltar Bruce Chatwin y sus célebres «cuadernos parisinos»:

> *En Francia estas libretas se llaman* carnets moleskines. *La palabra* moleskine *se refiere, en este caso, a la encuadernación en tela negra encerada. Cada vez que visitaba París compraba varias de ellas en una papelería de la Rue de l'Ancienne Comédie.*

Sencillas, negras, de bordes redondeados, guardas sujetas por una banda elástica y con un bolsillo interno; estas libretas son un objeto tan ordinario como perfecto en su esencialidad. Han sido la libreta de multitud de artistas e intelectuales durante los últimos dos siglos: de Vincent van Gogh a Pablo Picasso pasando por Ernest Hemingway o Jack Kerouac, entre otros. Durante más de cien años se han fabricado en un pequeño taller de Tours para distribuirse en las principales papelerías de París, puntos de encuentro de las vanguardias artísticas y literarias internacionales.

Chatwin, explorador de la Patagonia, Australia y más de medio mundo, era un confeso devoto de sus páginas cuadriculadas.

Perder el pasaporte era una preocupación menor; perder un cuaderno, una auténtica catástrofe. En más de veinte años de viajes solo he perdido un par: uno desapareció en un autobús afgano, y el otro me lo requisó la policía secreta brasileña.

Los numeraba en orden ascendente y en la portada apuntaba su nombre y dirección, ofreciendo una recompensa a quien pudiera encontrarlos en caso de extravío.

En 1986 cada vez era más difícil encontrar una *moleskine*. Para evitar sorpresas, antes de viajar a Australia, Chatwin encargó un centenar de unidades en una papelería de la Rue de l'Ancienne Comédie. Acordó una hora con la propietaria para recogerlos. Puntual, como siempre, se presentó a las cinco de la tarde en aquel París melancólico, pero halló a Madame con un aire triste y azorada: el fabricante de Tours había fallecido y sus herederos habían decidido vender la empresa.

Se quitó las gafas y en un tono casi fúnebre pronunció: «Le vrai moleskine n'est plus».

En ese momento, sentí que la etapa itinerante de mi vida estaba llegando a su fin.

No hay viaje sin un cuaderno, ni aventura sin una *moleskine* bajo el brazo.

La italiana Maria Sebregondi, emprendedora, diseñadora y viajera, no pudo ignorar estas páginas de *Los trazos de la canción*. Una noche de verano de 1994, mientras navegaba en un velero bajo las estrellas de Túnez, Maria pensó que alguien tenía que resucitar estos legendarios cuadernos. Descubrió que el nombre Moleskine estaba libre de derechos y en poco tiempo levantó una nueva empresa.

Diseñadas como un kit de supervivencia para el nómada contemporáneo, las libretas tan queridas por el viajero Chatwin regresaron a los estantes de las tiendas: pequeños volúmenes negros de páginas en blanco, diminutos libros aún por escribir.

Si es cierto, como ya se ha comentado, que no puede haber camino sin sus elementos esenciales, también lo es que la elección del cuaderno adecuado antes de partir no debe hacerse a la ligera. Existe un cuaderno para cada tipo de viaje. Paolo Rumiz, periodista, escritor y viajero polifacético —ya sea a pie o en bicicleta— ha desarrollado una teoría casi científica: no hay un bloc de notas que sirva para todas las ocasiones, sino que su tamaño está estrechamente vinculado a la modalidad de viaje. «Los desplazamientos rápidos requieren páginas pequeñas donde poder anotar frases fulminantes. Los viajes pausados permiten llenar hojas más amplias con reflexiones más detalladas». Por ello, dado que cada viaje es único, para elegir el cuaderno ideal para nuestra próxima aventura,

Rumiz nos ilustra con su fórmula mágica: «Si T es el tamaño del cuaderno y V la velocidad del desplazamiento, entonces T es inversamente proporcional a V. Así, V y T, multiplicados entre sí, deben mantener siempre el mismo valor».

Sin duda esto tendrá implicaciones significativas: optar por un cuaderno demasiado pequeño nos obligará a apresurarnos, traicionando, incluso antes de comenzar, el verdadero propósito de nuestro andar.

La lente de Fresnel

Una noche cualquiera de luna llena, antes de entregarse plácidamente al sueño, dedique el viajero unos instantes a contemplar el cielo. Si observa con atención la cara iluminada del satélite, entre los Apeninos lunares y el Mar de la Serenidad, distinguirá el punto exacto donde un 30 de julio de 1971 aterrizaba el Apolo 15.

El comandante de aquella misión espacial, el texano David Scott, caminó más de dieciocho horas por la superficie lunar. Antes de regresar se detuvo un momento para conmemorar, con una breve ceremonia, a los astronautas fallecidos; luego depositó en el suelo una pequeña escultura de aluminio de apenas ocho centímetros bautizada como *El astronauta caído*. Se trata de una representación estilizada de un astronauta en traje espacial, y es la única obra artística colocada por el hombre en suelo extraterrestre hasta hoy.

Además de sus indiscutibles logros en el campo de la ciencia, David Scott ha sido también el único hombre en pronunciar dos palabras en italiano sobre la faz de la luna. Asombrado por el espectacular brillo de una roca no pudo evitar exclamar: «¡*Mamma mia!*». Posiblemente lo que causó su asombro fue una región lunar particularmente luminosa ubicada a la izquierda del árido y tétrico paisaje del Pantano de la Putrefacción. Esta área, que destaca por su resplandor, fue bautizada con el nombre del protagonista de esta historia: el promontorio de Fresnel.

Augustin-Jean Fresnel, ingeniero y físico francés originario de Broglie, Normandía, dejó un legado perdurable pese a una vida breve y llena de adversidades. El asteroide 10111, descubierto en 1992, también fue bautizado en su honor, así como la rue Fresnel, una calle ubicada en el distrito XVI de París que inicia en Trocadero y desde la cual se puede ver la Torre Eiffel. En el lado meridional de la torre, junto al de otros setenta y dos personajes ilustres, encontramos su nombre.

Fresnel aportó orgullo y prestigio a la historia de Francia (y, dicho sea de paso, también algún beneficio a la vida cotidiana de nosotros, los caminantes), aunque de niño no mostrara dotes especiales para el aprendizaje.

Nacido en mayo de 1788, en las vísperas de la Revolución Francesa, a los ocho años el joven Augustin aún tenía dificultades para leer. Era un niño de salud delicada, con un carácter melancólico e introvertido. Su formación estuvo marcada por las estrictas convicciones religiosas de sus padres, de tradición jansenista. En su casa predominaba la creencia de que el ser humano nace corrompido, irremediablemente inclinado al mal y, sin la gracia divina, condenado a la perdición eterna. El hombre no puede alcanzar la salvación con sus acciones y no puede hacer otra cosa que pecar y desobedecer la voluntad de Dios. Estos valores rígidos y este ambiente tan severo dejaron su impronta en Augustin por el resto de sus días.

En la escuela se mostraba distraído; sin embargo, poseía una notable habilidad técnica para un niño de su edad, que demostraba creando arcos, flechas y cerbatanas. Este talento le permitió ingresar con apenas dieciséis años en la prestigiosa École Polytechnique de París y más tarde en la Escuela de Ingeniería. Nada más graduarse obtuvo un puesto como ingeniero civil del gobierno, encargado de construir caminos y puentes en diversas provincias francesas. Acostumbrado a la soledad, invertía su tiempo libre en su gran pasión: investigar la luz y su naturaleza misteriosa. En su actividad profesional se dedicó a proyectar las carreteras que unían la nueva capital de la Vandea, La Roche-sur-Yon, con el resto del país. Más tarde, a partir de 1812, trabajó en el ambicioso proyecto de la carretera imperial diseñada para unir España con Italia.

Si hoy camináis por la variante de la Vía Francígena que entra hacia Italia a través del col de Montgenèvre, podéis agradecérselo al ingeniero Augustin-Jean Fresnel, autor de ese atrevido trazado.

Sin embargo, Fresnel no pasó a la historia por sus obras de ingeniería. Más bien son sus investigaciones sobre la difracción de la luz las que captan la atención de la comunidad científica de la época hasta el punto de convertirlo, según el premio Nobel de Física en 1959, el italiano Emilio Segré, en «el mayor experto en óptica del siglo XIX, un perfeccionista capaz de resolver de forma definitiva todos los problemas que abordó». De hecho, en 1818, Fresnel participó en un concurso de la Academia de las Ciencias de París sobre uno de los debates más controvertidos del momento, una disputa que se remontaba hasta los tiempos de Newton: la naturaleza corpuscular u ondulatoria de la luz. Augustin se adjudicó el codiciado premio demostrando por primera vez de forma científica la validez de la teoría ondulatoria. Este avance marcó un hito histórico para la física, un paso crucial para el progreso y le valió a Fresnel la admisión en la Royal Society de Londres, que lo galardonó con la medalla Rumford. Aun así, él siguió llevando una existencia discreta; incluso podría decirse que la fama adquirida llegó a importunarlo. «Considero que pocas cosas son tan gravosas como tener que dirigir a otras personas, y confieso que no sé cómo hacerlo», escribía en una carta a su hermano.

Tras años luchando contra graves problemas de salud, Augustin Fresnel falleció de tuberculosis a los treinta y nueve años en Ville-d'Avray, cerca de París. Pasó sus últimos años como empleado gubernamental ocupado en el desarrollo de los faros marítimos franceses. Es precisamente esta contribución a la que debe nuestra estima: Augustin fue el creador de lo que hoy conocemos como lente de Fresnel.

La idea consiste en dividir la clásica lente esférica en una serie de secciones anulares concéntricas, conocidas como «anillos de Fresnel». Este diseño permite reducir el grosor de la lente en cada sección, convirtiendo la curva continua en una serie de superficies dentadas. De este modo se logra el mismo efecto óptico pero sin el volumen, el grosor ni el peso material de una lente esférica convencional con igual capacidad dióptrica.

Esta innovadora lente nacida de la vasta imaginación de Augustin fue inmediatamente utilizada allí donde más se necesitaba reducir su peso y dimensiones: los faros marítimos, donde las lentes tradicionales de vidrio resultaban demasiado aparatosas.

Hoy las lentes de Fresnel se siguen utilizando en múltiples campos: en los visores de cámaras fotográficas, dispositivos de realidad virtual, sistemas de ampliación para grandes superficies e incluso en las lunetas traseras de automóviles.

A nosotros nos interesa un tipo de lentes más sencillas y modestas, fabricadas en plástico. Este pequeño objeto del tamaño de una tarjeta de crédito le permite al peregrino llevar en su mochila —o incluso en su billetero— una lente de aumento basada en el principio de Fresnel. Así que cada vez que el peregrino tenga que encender un fuego (el famoso espejo ustorio), consultar los detalles de un mapa —sobre todo si ya ha pasado los cuarenta— o analizar los posibles daños provocados en la piel por una espina o un insecto, no olvide darle las gracias al protagonista de esta historia. Y quizá incluso llegue a exclamar «*¡Mamma mia!*» al percatarse de algo que a primera vista se le había escapado.

La navaja suiza

Un cuchillo para pelar una manzana o cortar un trozo de queso durante una pausa en el camino; una hoja específicamente diseñada para la cáscara de los cítricos, si se trata de una naranja; tijeras y lima, para cuidar las uñas de manos y pies al final de cada etapa; un palillo para después de la cena (si es en privado, mejor) e hilo dental, para rematar la faena; un alfiler, imprescindible para pinchar las habituales ampollas; un destornillador, ideal para reparaciones de emergencia; un abrebotellas, para disfrutar de un refrigerio; un abridor, para las alubias en lata; y un sacacorchos, para la botella de vino. Incluso una lupa, que siempre viene bien a la hora de encender un fuego o localizar esa dichosa espina que se clava bajo la piel y que podemos retirar con las pinzas, también incluidas. Algunos modelos tienen también altímetro, reloj, bolígrafo, sacapuntas y memoria USB. Todo ello en un único objeto, compacto y liviano. La navaja multiusos podría considerarse el compañero más fiel del viajero, un accesorio imprescindible que no puede faltar en algún bolsillo de tu mochila.

Un prodigio de funcionalidad en miniatura que, digámoslo sin rodeos, solo la legendaria practicidad de los suizos podría haber concebido. Naturalmente, esta historia comienza entre majestuosas montañas nevadas, lagos de aguas turquesas y praderas verdes, en un pequeño pueblo alpino cercano al lago de Lucerna. A finales del siglo XIII nació en Ibach, una aldea del cantón de Schwyz, la Confederación Helvética. En 1803 este mismo cantón daría lugar al nombre oficial de la nación, Suiza. Allí nació en 1860, hijo de un sombrerero llamado Balthasar, Karl Elsener, un joven brillante con visión de futuro. Al cumplir venticuatro años, después de formarse como aprendiz con artesanos franceses y alemanes, y gracias al apoyo de su madre Victoria, abrió un taller especializado en cuchillos, cubiertos y herramientas quirúrgicas. Los inicios fueron complicados: por aquel entonces Suiza era uno de los países más pobres de Europa. Sin embargo, Karl vio en el ejército de su país al cliente ideal. En un contexto de creciente nacionalismo le resultaba insufrible que los soldados suizos dependieran de cuchillos alemanes. En 1891 nació el primer *Swiss Army Knife*, un cuchillo multiusos diseñado por Elsener para el ejército nacional. Su diseño original con mango de madera incluía una hoja, un punzón, un abrelatas y un destornillador, marcando así el inicio de una leyenda: la icónica navaja suiza.

Como madre no hay más que una, tras la muerte de Victoria la cuchillería Elsener tomó el nombre de la madre; más tarde la incorporación del acero inoxidable sumaría un sufijo al nombre: así nacía Victorinox. La empresa, que no ha cambiado desde entonces, se hizo con el contrato para suministrar cuchillos multifunción al ejército de la Confederación Helvética, lo cual supuso el inicio de una extraordinaria era de prosperidad. Con el tiempo, la maravillosa herramienta cambiaría e iría sumando nuevas funcionalidades. A pesar de las transformaciones, los valores de la empresa nunca cambiaron: más de ciento treinta años con sede en Ibach, bajo el control de la familia fundadora. La dirección pasó de Karl padre a Carl hijo, de este a su hijo Carl y luego, en 2007, al primero de sus once hijos —de nombre Carl, por supuesto—, la cuarta generación Elsener de dirigentes homónimos.

Nuestro objeto de culto adoptó desde el principio el tradicional color rojo, para hacerlo más visible en caso de caer a la nieve y, junto con la cruz blanca, evocar con orgullo la bandera suiza. De esta guisa partió a la conquista del mundo. Los soldados estadounidenses destacados en Europa al final de la Segunda Guerra Mundial quedaron fascinados con el invento: lo compraron en masa y lo llevaron al otro lado del Atlántico como algo más que un simple recuerdo. Junto al chocolate y al reloj de cuco, pronto se convirtió en el tercer símbolo del *Made in Switzerland*. En los años ochenta y gracias a la televisión, el cuchillo suizo entró en los hogares de una generación criada a base de pantalla y bollería: un excéntrico y mujeriego agente secreto era capaz de obrar milagros con el suyo. Angus MacGyver, el ingenioso agente del Departamento de Servicios Externos, y más tarde de la Fundación Phoenix, desactivaba bombas y reparaba reactores nucleares armado únicamente con su navaja roja. Siempre conseguía salirse con la suya y salvar el mundo de situaciones desesperadas con pocos recursos, mucha imaginación y, cómo no, su Victorinox.

Podría parecer que el líder ruso Medvédev, George Bush padre y el Dalái Lama tienen poco en común, pero todos comparten la admiración por el famoso cuchillo multiusos. Otros presidentes estadounidenses, como Lyndon Johnson o Ronald Reagan, mandaron fabricar su propia navaja personalizada. Hoy en día, en la Casa Blanca, se acostumbra a regalar uno de estos cuchillos a los visitantes distinguidos. Se dice que ha llegado a utilizarse en el espacio exterior para reparar el transbordador, en un hospital de campaña para operar a la víctima de un tsunami e incluso bajo el agua para salvar a unos niños atrapados en un coche. No es de extrañar que ocupe un lugar destacado en la sección de diseño del Museo de Arte Moderno de Nueva York.

Da la impresión de que todo ha sido siempre un camino de rosas para esta empresa única. Sin embargo, a comienzos del siglo xx, el monopolio de Victorinox desentonaba en el espíritu confederal de Suiza; así que en 1908 y para desdecir cualquier insinuación de favoritismo el gobierno suizo, decidió dividir el contrato de suministro de cuchillos para el ejército. Victorinox, con sede en el cantón de Schwyz (zona germanoparlante) pasaría a ocuparse de la mitad del suministro, mientras que de la otra mitad se ocuparía Wenger, una empresa de cuchillería con sede en Delémont, en el cantón del Jura (zona francófona). Fue un compromiso histórico al estilo suizo. Wenger, de común acuerdo, publicita su producto como «*The Genuine Swiss Army Knife*», mientras Victorinox como «*The Original Swiss Army Knife*».

La convivencia se mantuvo... hasta la aparición de Osama bin Laden. En efecto: los acontecimientos del 11 de septiembre de 2001 hicieron temblar los pilares de la próspera industria de los fabricantes de navajas suizas. Las restricciones impuestas tras los atentados las prohibieron en las tiendas de los aeropuertos y, por supuesto, en las cabinas de los aviones, donde antes se ofrecían incluso en los catálogos de a bordo. Las ventas se desplomaron casi de inmediato un 40 % y en el plazo de tres años Wenger declaró la bancarrota. No sabemos si por espíritu confederal o simplemente buen olfato para los negocios, pero el Carl Elsener de turno no dejó pasar la oportunidad y adquirió la moribunda empresa rival, salvándola de la quiebra. Era el año 2005. Mientras tanto, y para rematar, en Occidente había entrado otro cuchillo multiusos con carcasa roja y una pequeña cruz blanca: las falsificaciones chinas conquistaron el mercado con sus precios irrisorios y su calidad cuestionable.

Sin embargo, el orgullo suizo no sucumbió ni al terrorismo ni a la globalización; ni Bin Laden ni los falsificadores de ojos almendrados pudieron detener a la dinastía Elsener. En las instalaciones de Ibach la producción no se detuvo. Ayer como hoy sus valores inamovibles resuenan en los pasillos de la empresa: respeto, gratitud y humildad. Se dice que en más de un siglo de historia no se ha sacrificado ni un solo puesto de trabajo. Es más, los empleados gozan de ritmos laborales relajados: por poner un ejemplo, cada mañana dedican media hora a ejercicios físicos, incluidos dentro de su horario de trabajo.

El actual cabecilla de los Elsener es defensor de los valores fundamentales de la familia —léase empresa—, o lo que es lo mismo: «la valiosa ética cristiana, en un mundo mayoritariamente dominado por el materialismo». Ello implica compromiso con el trabajo, pero también misa dominical para los empleados; «siempre que deseen asistir», claro. También rechaza tajantemente la idea de trasladar la producción a Cantón, como han hecho tantas otras empresas: «Si el cuchillo del ejército suizo se fabricara en China, ya no sería, por así decirlo, muy suizo».

Tradición, principios firmes y orgullo nacional: eso es lo que llevamos en la mochila al guardar en el bolsillo lateral la indispensable navaja suiza multiusos. Un producto práctico, de impacto reducido, pero ante todo de proximidad. Y que ha resistido toda clase adversidades, la última de las cuales la aparición, en la denominada Galería Romana del Museo Fitzwilliam de Cambridge, de un pequeño cuchillo de plata de unos diez centímetros equipado con hoja de hierro, cuchara, tenedor, espátula, punzón y mondadientes. Los arqueólogos que lo han restaurado lo han fechado del año 200 d.C. y creen que podría proceder de algún país no especificado del Mediterráneo. Consideran que pudo pertenecer a un viajero adinerado devoto de la buena gastronomía: además de la hoja, el tenedor y la cuchara, parece que la espátula servía para extraer las densas salsas de condimento de recipientes de cuello estrecho, mientras que el punzón se utilizaba para sacar caracoles de su caparazón, un manjar muy apreciado por los romanos.

No sabemos qué opina el último Carl al respecto, pero seguramente pensará que cómo iba a llamarse suiza una navaja si en realidad la inventaran los romanos.

El forro polar

Yvon Chouinard descubrió su pasión por la verticalidad a los catorce años, cuando se descolgaba por paredes escarpadas en busca de nidos de aves. Aprendió las técnicas del rápel como miembro del Southern California Falconry Club, asociación dedicada a la cetrería. De ahí a dejarse cautivar por la emoción de la escalada no hizo falta mucho. Comenzó trepando los acantilados de arenisca del valle de San Fernando junto a sus nuevos amigos: cada fin de semana se aventuraban un poco más lejos. No tardó en acudir a la llamada de las gigantescas paredes de Yosemite, un territorio prácticamente virgen con pocas montañas conquistadas, un auténtico paraíso para los pioneros de la escalada.

Por aquel entonces la escalada se llevaba a cabo utilizando clavos de hierro blando, diseñados para usarse una sola vez y abandonarse luego en la roca. Sin embargo, las interminables paredes de Yosemite, con ascensos que podían durar varios días, requerían la colocación de cientos de clavos. Yvon pronto se percató de este problema, y le pareció una forma de violencia contra sus queridas montañas. La inspiración vino de la mano de su amigo John Salathé, alpinista y herrero suizo, que fabricaba clavos resistentes a partir del acero de un viejo Ford modelo A. En 1957, con tan solo diecinueve años, Yvon hizo su primera inversión: compró a un baratillero una fragua de carbón de segunda mano, un yunque de sesenta kilos, unas tenazas y varios martillos, decidido a aprender el arte de la herrería. Al cabo de poco tiempo, con una hoja de acero al cromo-molibdeno sacada de una vieja segadora, forjó sus primeros clavos, que rápidamente puso a prueba en la cara norte de Sentinel Rock, en Yosemite. Los clavos, hechos de acero endurecido, eran tan robustos y rígidos que podían extraerse de la roca y reutilizarse durante el ascenso. La noticia corrió como la pólvora entre los escaladores y pronto todos querían probar los innovadores clavos de Chouinard. Yvon se puso manos a la obra: era capaz de fabricar dos clavos por hora para luego venderlos a un dólar con cincuenta centavos cada uno.

No era el negocio del siglo, pero le permitía a Yvon llevar su vida errante, a medio camino entre las paredes de Wyoming y Canadá y las olas de California, donde surfeaba hasta el atardecer. En el maletero del coche guardaba el material de herrería y en sus ratos libres llevaba el yunque a la playa y se dedicaba a moldear los clavos en frío con cincel y martillo. Las ganancias eran modestas. Un verano, antes de partir hacia las Montañas Rocosas, compró dos cajas de latas de comida para gatos dañadas en San Francisco. Junto con avena, patatas, ardillas y puercoespines, conformarían la alimentación para aquellas memorables vacaciones en compañía de sus amigos, todos inspirados por las mismas leyendas de John Muir, Henry David Thoreau, Riccardo Cassin o Hermann Buhl, entre otros.

Por fin, en la segunda mitad de los años sesenta, el negocio despegó. En 1970 Chouinard Equipment, fundada junto a
su amigo Tom Frost, ingeniero aeronáutico y por supuesto
alpinista, se convirtió en el mayor proveedor de equipamiento de escalada y alpinismo en los Estados Unidos. Pero Yvon
no estaba satisfecho y su conciencia ambiental lo inquieta-
ba: los duros clavos de acero, ya muy comunes en las paredes lisas de Yosemite, al clavarse y extraerse siempre en las
mismas frágiles grietas estaban dañando irreparablemente la
roca. Así que Chouinard y Ford tomaron una decisión audaz:
abandonaron el próspero negocio y decidieron reemplazar los
clavos por empotradores de aluminio que pudiesen encajarse
y retirarse de las grietas a mano, en vez de con un martillo.
Una apuesta arriesgada. Pero este giro hacia un enfoque más
«limpio» de la montaña, sin dañar la roca, dio sus frutos. Los
empotradores sustituyeron a los clavos y en los talleres cha-
pistas de Chouinard Equipment el ritmo obsesivo del martillo
dio paso al agudo chirrido de la perforadora múltiple.

En las paredes de Yosemite los grupos de escaladores eran
cada vez más numerosos y reconocibles: extraordinarios atle-
tas con un estilo de vida rebelde y fuera de la norma, propensos
a saltarse las leyes que los guardabosques del parque intenta-
ban imponer con sudor y sangre. Bebían mucho, fumaban un
poco de todo y solían vestirse con cualquier cosa; por lo general
unos viejos pantalones cortos marrones y una camisa blanca
adquirida en una tienda de segunda mano. Cuando después de
un viaje a Escocia Yvon apareció escalando una pared con una
camisa de rugby azul con dos franjas rojas y una amarilla en

el pecho, causó furor. De golpe todos se morían por tener una camiseta compacta y de colores brillantes. Ante esta demanda, Chouinard Equipment comenzó a importarlas desde Gran Bretaña, Nueva Zelanda y Argentina. Nacía una moda, pero lo que es más importante: Yvon y Tom vieron en la ropa una línea de negocio capaz de sostener la producción de equipos de escalada, que por entonces solo generaba ganancias mínimas. Comenzaron a vender chaquetas impermeables recubiertas de poliuretano, sacos de dormir procedentes de Escocia, guantes de lana hilada, manoplas de Austria y gorros de diseño excéntrico tejidos a mano en Boulder, Colorado.

La empresa tomaba un nuevo rumbo y se lanzaba a la conquista de nuevos mercados. En parte por ello tomó la decisión de cambiar de nombre, para alejarse de una identidad demasiado ligada al mundo de la escalada. Querían apostar por una palabra que evocara sueños de aventura y libertad al aire libre en su máxima expresión. Yvon halló un nombre exótico y cautivador: un lugar al que había llegado en 1968, durante una legendaria expedición de alpinismo que marcó la apertura de la llamada ruta californiana, en el Fitz Roy, y que puede verse en el documental *180° South* de Chris Malloy; un nombre que evoca imágenes románticas de glaciares precipitándose hacia los fiordos, picos barridos por el viento, gauchos y cóndores. Así nació, en 1973, Patagonia.

Algodón, lana y plumas, que durante años habían vestido a generaciones de alpinistas y montañeros, empezaban a estar obsoletos. Para los amantes de la naturaleza era necesario desarrollar tejidos más innovadores, resistentes y adecuados para la vida al aire libre. Yvon envió a su esposa Malinda al Merchandise Mart de Los Ángeles en busca de ideas. Fue entonces cuando apareció Aaron Feuerstein, fundador de Malden Mills. Su abuelo Henry había llegado a Estados Unidos procedente de Hungría a finales del siglo xix y en 1906 había invertido cincuenta mil dólares de sus ahorros en una planta textil en Malden, Massachusetts. Malden Mills —así fue bautizada— creció rápidamente, ganando renombre en la industria y suministrando uniformes para el ejército estadounidense durante ambas guerras mundiales. Cuando Aaron tomó el relevo de la dirección la empresa se automatizó y, a diferencia de otras, reforzó su presencia en Massachusetts, en vez de trasladar su producción al sur o hacia la costa occidental de los Estados Unidos, donde la tierra y el personal eran más asequibles. Por su parte, Aaron prefirió apostar por una mano de obra cualificada y las innovaciones técnicas de la vecina Boston.

Sin embargo, cuando Malinda conoció a Aaron, Malden Mills estaba al borde de la bancarrota. Veinte millones de dólares invertidos en el negocio de las pieles sintéticas a finales de los años sesenta resultaron ser un error fatal: «Pensé que el mercado crecería con tanto activista por los derechos de los animales»; pero los cálculos de Feuerstein fallaron. A pesar de todo, y como es habitual en los Estados Unidos, el fracaso trae consigo nuevas pasiones y el deseo de explorar caminos diferentes. La salvación de Malden Mills llegó de la mano del forro polar, un tejido revolucionario compuesto completamente de poliéster, capaz de alejar la humedad del cuerpo a la vez que le proporciona calor. Era el año 1979 y el tejido comúnmente

conocido como polar nacía para convertirse en la base de toda
la ropa deportiva de las décadas siguientes. Aaron lo registró
en 1981 con el nombre de Polartec e Yvon lo adoptó para situar
a su recién fundada Patagonia en la vanguardia del sector.

La colaboración entre Yvon y Aaron se prolongó por años,
siempre marcada por la voluntad de innovar, creando desde
nuevos tejidos sintéticos (como Capilene y Synchilla) hasta
fibras derivadas de poliéster reciclado. También promovieron
la innovación en el diseño de vestuario con la introducción
de gamas de colores cada vez más llamativas en sus prendas.
Las fibras sintéticas, como el polipropileno y el poliéster, se
fabrican a partir de resinas artificiales procesadas para obtener hilos finos y redondeados. Desde mediados de los años
ochenta, la vestimenta deportiva consta de varias capas: una
primera capa técnica ceñida para absorber y eliminar el sudor,
una capa intermedia de forro polar tradicional para el aislamiento térmico y una capa exterior para proteger del viento y
la humedad.

Hoy en día el planteamiento es el mismo, aunque el
guardarropa de los amantes de la vida al aire libre se ha ido
enriqueciendo con materiales cada vez más avanzados y funcionales. De igual modo, estas décadas de experimentación
han venido acompañadas del debate sobre el impacto ambiental de las nuevas técnicas de producción. Tanto el nailon como
el poliéster son fibras derivadas del petróleo, cuya fabricación
implica un alto consumo de energía y genera una contami-
nación significativa. Aunque cabe decir que el impacto ambiental de la producción masiva de algodón —responsable del

10 % de los pesticidas y del 22,5 % de los insecticidas utilizados en el mundo— es incluso mayor.

Así, mientras Patagonia buscaba alinear su crecimiento con una ética ambientalista, apoyando financieramente pequeños proyectos para la recuperación de áreas deterioradas, a Malden Mills le tocaba enfrentar una auténtica tragedia. La noche del 11 de diciembre de 1995, mientras Aaron Feuerstein celebraba su setenta cumpleaños en un restaurante de Boston, una explosión en las instalaciones de Lawrence desató un incendio que en pocas horas arrasó tres de los nueve edificios de producción. Aaron se dirigió al lugar y, a pesar de unas pérdidas valoradas en quinientos millones de dólares, prometió seguir pagando los salarios de sus trabajadores durante los meses que la planta permaneciese cerrada.

La decisión de no usar el dinero del seguro para reabrir en Carolina del Norte, donde los salarios eran mucho más bajos, o de subcontratar en China, le valió a Feuerstein pocas semanas después el reconocimiento del presidente Clinton en su discurso sobre el Estado de la Unión. Pero también llevó a la empresa a acumular una deuda tan significativa que en 2001 se declaraba en bancarrota. Cuando en 2003 logró salir de la crisis, los acreedores despidieron a Feuerstein y nombraron a un nuevo director general que no tardó en abrir dos fábricas en China.

Aislante, ligero, termorregulador, transpirable, comprimible, prácticamente indestructible y capaz de secarse en un abrir y cerrar de ojos: la ropa técnica del peregrino del siglo xxi representa la evolución natural de una larga historia de innovación. Hoy existen tejidos para cualquier clima: para aislar del frío y proteger del calor, así como resguardar del viento, la lluvia y la nieve. Desde las paredes de Yosemite hasta la cima del Everest, estas fibras han cruzado el desierto del Sahara, desafiado el frío del Ártico y los rápidos de los ríos de Ecuador. Y por supuesto nos han acompañado por los senderos más hermosos del mundo.

En la actualidad, Polartec fabrica tejidos procedentes en su totalidad de material reciclado. Solo en el Reino Unido, se consumen anualmente cinco mil millones de botellas de plástico, y en Estados Unidos más de cuarenta mil millones; de mil millones de botellas recicladas pueden producirse veintisiete millones de chaquetas de forro polar, ideales para llevar en nuestra mochila y abrigarnos en las largas jornadas al aire libre. Sin embargo, la lucha por el medioambiente está lejos de concluir. Greenpeace advierte que muchas prendas técnicas aún contienen rastros de PFC, compuestos y sustancias químicas persistentes y perjudiciales para la salud y el entorno. La campaña titulada «Rastros ocultos al aire libre», lanzada en 2016 por Greenpeace Italia, nos anima a hacer elecciones responsables, particularmente a quienes valoran la vida en la naturaleza y el turismo sostenible. Esta iniciativa demuestra que es posible producir ropa y equipamiento para actividades en el exterior sin recurrir a sustancias tóxicas. Así que el desafío recae en nosotros, viajeros y consumidores conscientes, a la hora de elegir qué comprar.

La cremallera

El jueves 29 de julio de 1965, el London Pavilion Cinema en Piccadilly Circus estaba a reventar. Hasta la princesa Margarita había asistido a un evento destinado a marcar la historia del cine y de la música: el estreno mundial de *Help!*, la segunda película de los Beatles. Una obra pop de Richard Lester que pronto se convertiría en un filme de culto, caracterizada por un sano inconformismo y un espíritu irreverente y provocador —al más puro estilo británico— desde la primera hasta la última escena; o mejor dicho: desde los créditos iniciales hasta los finales, donde encontramos una sorprendente dedicatoria: «Esta película está respetuosamente dedicada a la memoria del señor Elias Howe, quien, en 1846, inventó la máquina de coser».

Si alguien se está preguntando qué hizo el señor Howe para merecer tan prestigiosa mención, que sepa que esa misma noche todos los asistentes al London Pavilion Cinema pensaron lo mismo. Y hasta hoy nadie ha logrado dar una respuesta plausible.

Una de las teorías defiende que la dedicatoria fue incluida en los créditos finales sin que los propios Beatles lo supieran: una broma de los guionistas perfectamente alineada con el tono desenfadado de toda la película. Según otra interpretación todo nació de una anécdota del rodaje: hablando sobre la célebre indumentaria de los Beatles —de invención propia y casual, sin la influencia de ningún estilista— alguien sugirió que «solo quedaba dar las gracias al inventor de la máquina de coser». También hay quien afirma que la dedicatoria está inspirada en un episodio de la vida de Elias Howe, en parte recogido en la película. Al parecer Howe soñó que lo capturaba una tribu de indígenas armados con amenazadoras lanzas. Cuando vio —en el sueño, claro— que las lanzas tenían la punta perforada, Howe tuvo la brillante idea de colocar el ojo de la aguja en la punta, en lugar del extremo opuesto, creando así la peculiaridad de toda máquina de coser. Una escena similar aparece en *Help!*, cuando Ringo Starr es rodeado por nativos armados con flechas, dispuestos a sacrificarlo.

Lo cierto es que la figura de Elias pasó a la historia gracias a una dedicatoria de los Beatles y después de consagrarse como el inventor de una máquina que —la verdad sea dicha— ni siquiera fue idea suya. ¿Cómo olvidar el noble gesto de Walter Hunt, aquel ingenioso personaje, a quien veremos en el capítulo sobre el imperdible, que en 1833, para evitar crear desempleo entre las costureras de la época, prefirió no patentar su creación más importante? Exacto: la máquina de coser.

Pero del mismo modo que para nosotros, los caminantes, Hunt ocupa un lugar en nuestros corazones por habernos regalado el imperdible, también le debemos mucho a Howe, y no precisamente por su patente de la máquina de coser. Resulta que este caballero de Massachusetts, que se formó en un taller de reparación de cronómetros y otros instrumentos de precisión y terminó siendo homenajeado en un sello de cinco centavos como digno miembro del Salón de la Fama de los Inventores Americanos, fue además el creador de la primera cremallera, también conocida como zíper. Fue él quien, en 1851, patentó un «cierre automático continuo para ropa», un diabólico mecanismo compuesto por una serie de ganchos unidos por un lado que debían enlazarse con otros ganchos gemelos colocados en el lado opuesto.

El invento era sin lugar a dudas engorroso y poco funcional, tanto que Howe lo patentó sin mucha convicción, abandonándolo a su suerte casi de inmediato. Ahora bien, el destino de este mecanismo sería glorioso y de importancia, aunque aún le quedaban por superar nuevos fracasos e intentonas. Por ejemplo: un ingeniero de Chicago llamado Whitcomb Judson, después de crear la primera línea ferroviaria de aire comprimido —que acabó miserablemente estrellada en una vía muerta, pues solo se construyó una milla— presentó el 29 de agosto de 1893 la patente de un «cierre de seguridad separable», el *clasp locker*. Según la idea de Judson este dispositivo debía reemplazar los cordones de zapatos y consistía en una fila de ganchos que se insertaban en otros tantos ojales dispuestos en una fila opuesta. Todo se podía cerrar o abrir manualmente o mediante una herramienta deslizante. Para producir y comercializar este producto, Judson fundó la Universal Fastener Company;

pero el *clasp locker* se abría con demasiada facilidad y su final es el mismo que la línea de aire comprimido.

Fue entonces cuando el sueco Otto Fredrik Gideon Sundbäck, diseñador de la Universal Fastener Company, retomó el modelo de Judson y dio vida en 1913 a la cremallera moderna. Esta nueva versión presentaba un pequeño hueco en el extremo inferior de la parte terminal de cada diente y una punta cónica en el extremo superior; estas filas de dientes opuestos, montados en dos cintas de tela, se entrelazaban perfectamente al pasar el cursor, permitiendo un cierre perfecto.

Con el tiempo el metal inicialmente utilizado se cambió por materiales sintéticos y al sistema de dientes opuestos lo sustituyó el de espirales; pero los historiadores coinciden en atribuir a Gideon Sundbäck —sin olvidar la idea original de Elias Howe— la invención de la cremallera moderna. Esta cremallera es la que utilizaba el ejército estadounidense para cerrar los bolsillos de los uniformes de los soldados durante la Primera Guerra Mundial. Sin embargo, no fue hasta principios de los años treinta cuando el mundo textil adoptó este nuevo sistema de cierre. La diseñadora italiana Elsa Schiaparelli fue la primera en utilizar la cremallera sin esconderla en la tela. En 1937 la revista *Esquire* la describió como «la idea más nueva de la sastrería». Entre sus numerosas ventajas se encontraba la de «evitar la posibilidad de errores involuntarios y embarazosos» en la ropa para hombre. Más tarde, al incorporarse a la mayoría de los tejanos en la segunda mitad del siglo xx, la cremallera se convirtió en un símbolo de libertad planetaria para las nuevas generaciones.

En la actualidad la mayor productora de cremalleras del mundo fabrica anualmente dos millones de kilómetros de cierres: la firma japonesa YKK (Yoshida Kogyo Kabushikikaisha), fundada en 1934 por Tadao Yoshida, emplea a 36 000 personas, distribuidas en 257 plantas en sesenta y seis países. Además, se están desarrollando nuevas y sorprendentes aplicaciones. La empresa se está enfocando en cierres diminutos y avanzados con aplicación en el ámbito quirúrgico: un sistema hermético y químicamente inerte que reemplace los puntos de sutura en intervenciones donde se necesite acceder de forma repetida a una prótesis instalada dentro del cuerpo humano.

A nosotros, los peregrinos, nos basta con las innumerables variantes de la clásica cremallera YKK, que durante una jornada de caminata podemos accionar quién sabe cuántas veces: para abrir y cerrar una sudadera o chaqueta, acceder a los bolsillos de la mochila, sacar un pañuelo de la riñonera o abrochar los pantalones.

El característico sonido de la cremallera deslizándose en un sentido y otro se ha convertido en nuestro mantra: un compañero inseparable, la banda sonora del camino, auténtica música para nuestros oídos. Música como la de los Rolling Stones, que hicieron de una cremallera —bendita coincidencia— una de sus portadas más icónicas. En la primera edición del álbum *Sticky Fingers* (1971), el maestro del *pop art*, Andy Warhol, incorporó una cremallera completamente funcional sobre la imagen de unos ajustadísimos jeans que mostraban un notable abultamiento en la zona genital. Como dato curioso: el modelo de la fotografía no era Mick Jagger, como tantas fans imaginaron, sino el claramente más dotado actor Joe Dallesandro. Sin embargo, la cremallera fue retirada rápidamente porque rayaba el vinilo de *Sticky Fingers*.

El jabón de Marsella

Tras una etapa agotadora, disfrutando por fin de una reconfortante ducha, resulta inevitable dedicar al menos un fugaz pensamiento a Cayo Plinio Segundo, más conocido como Plinio el Viejo. Quitarnos el polvo del camino y devolver la frescura a nuestras malolientes prendas es posible, en parte, gracias a este insigne personaje y a su infinita curiosidad.

Escritor y naturalista romano, Plinio fue un hombre de múltiples talentos, pero ante todo fue un observador incansable de la naturaleza y del ser humano. Recorrió el mundo al servicio del Imperio romano tomando notas de cuanto veía y produciendo textos sobre los más variados temas. Antes de legarnos su monumental *Naturalis historia*, por ejemplo, escribió todo un tratado sobre el arte de lanzar jabalinas a caballo. Esta sed insaciable de experimentar de primera mano los fenómenos naturales y humanos le costó la vida de forma prematura: en el año 79 d. C. se acercó demasiado a la espectacular erupción del Vesubio que sepultaba Pompeya y Herculano y falleció en la playa de Castellammare di Stabia, intoxicado por las emanaciones del volcán.

Sin embargo —y para suerte del peregrino moderno—, en una de sus anteriores misiones militares por Europa,

Plinio observó una peculiar costumbre entre los galos: aplicar en su cabello una extraña mezcla de ceniza de haya y sebo de cabra. En aquella época, los romanos, para quienes el baño en las termas era tanto una práctica social como un ritual de higiene, utilizaban piedra pómez porosa, arcilla fina o polvos abrasivos como harina de habas. Plinio el Viejo fue el primero en hablarnos del jabón: «El jabón es también muy útil para este fin; es un invento de los galos. Existen dos tipos: el jabón sólido y el líquido, ambos muy utilizados por los germanos; en particular por los hombres, más que por las mujeres».

Desde entonces agua y jabón han corrido en abundancia por los cuerpos de tantas civilizaciones, y la rudimentaria sustancia descrita por Plinio ha ido evolucionando. En concreto a nosotros nos interesa la famosa fórmula del jabón de Marsella, que llegó a Europa en la Edad Media procedente de la ciudad de Alepo, donde los árabes reemplazaron las grasas animales de los galos por aceite de oliva y laurel.

Las Cruzadas importaron esta fórmula ancestral al Mediterráneo, atravesando Italia y España hasta llegar a Marsella. Esta ciudad resultó ser el escenario perfecto para la fabricación del jabón milagroso. Desde el sur de Francia llegaba aceite de oliva de alta calidad y desde la cercana Camarga, dos plantas (la *Salsola soda* y la *Salicornia*), cuyas cenizas eran excelentes para la saponificación. El clima seco y ventoso de la región hacía el resto: quince días expuesto al mistral y el jabón estaba listo para su uso.

Algunos marselleses se dedicaron en cuerpo y alma al desarrollo de este producto. El primer jabonero reconocido fue el judío Crescas Davin, apodado Sabonerius, en 1371. Dos siglos después, Georges Prunemoyr fue el primero en superar la etapa artesanal y fundar la primera fábrica de jabón de la ciudad. En 1688, el rey Luis XIV, gran admirador del aroma del jabón de Marsella, ordenó a su ministro Jean-Baptiste Colbert, marqués de Seignelay, que promulgara un edicto donde se estipulara que la fabricación del mismo se llevara a cabo únicamente con aceite de oliva puro, sin añadir grasas de otro tipo. También prohibía la producción durante los meses de verano, ya que el calor afectaba a su calidad. En el siglo XVIII Marsella floreció gracias a esta industria: setenta y tres fábricas con hasta 331 calderas y una mano de obra compuesta por seiscientos obreros, más mil quinientos reclusos procedentes de las galeras.

Otra figura crucial fue el químico Nicolas Leblanc, hombre tan ingenioso como desdichado, quien ideó un revolucionario método para extraer ceniza de sosa a partir de agua de mar. Leblanc era el médico de familia de Luis Felipe II de Borbón, duque de Orleans, quien a pesar de recibir el apodo de Philippe Égalité y ser partidario de la Revolución, acabó siendo guillotinado durante los años del Terror. En 1775 la Academia de Ciencias de Francia ofreció un premio a quien lograra producir carbonato de sodio a partir de sal marina. Leblanc aceptó el desafío de inmediato y en 1791 ganó el premio. También puso en marcha una planta capaz de producir 320 toneladas anuales de carbonato de sodio mediante el proceso que lleva su nombre.

Pero su éxito no duró: el gobierno revolucionario confiscó su fábrica y se negó a pagarle el premio en metálico. En 1802 Napoleón le restituyó la planta —el dinero no—, pero Leblanc no pudo permitirse volver a ponerla en marcha. En 1806 puso fin a su vida con un disparo.

Su colega Michel Chevreul, creador de la margarina, tuvo algo más de suerte. Gracias a sus investigaciones sobre los ácidos grasos desarrolló la primera teoría precisa sobre la saponificación, lo cual permitió a los fabricantes de jabón optimizar y perfeccionar su elaboración. Chevreul también es recordado por ser uno de los pioneros de la gerontología. Vivió hasta los ciento tres años y su nombre está inscrito en la Torre Eiffel.

En 1812 Napoleón Bonaparte decretó un sello distintivo para el jabón: un pentágono en cuyo centro se lee «aceite de oliva». El *Savon de Marseille marbré*, galardonado con la medalla de oro en la Exposición Universal de París de 1855, marcó un hito en la historia moderna. En 1906 François Merklen estableció la famosa fórmula del jabón de Marsella: 63 % de aceite de coco o palma, 9 % de soda y 28 % de agua. Esta composición dio origen a la inscripción «*Extra Pur 72 % d'huile*» que aún hoy identifica a estos jabones.

Natural, hipoalergénico, sin conservantes, aditivos sintéticos ni fragancias; antiséptico y repelente de parásitos tanto en humanos como en animales y plantas... ¿Qué más se le puede pedir a este compañero de viaje? Con una simple pastilla de cien gramos es posible ducharse, lavarse el pelo (si no está muy largo), afeitarse e incluso —agárrense— lavarse los dientes. Y aun hacer la colada. Por otro lado, no solo es una elección práctica, sino también sostenible: su elaboración con aceites vegetales (oliva, palma, cacahuete o coco) sin aditivos ni fragancias artificiales, lo hace completamente biodegradable. Tampoco se prueba en animales, por lo que es una opción ética incluso para quienes siguen un estilo de vida vegano.

También es el compañero perfecto en las solitarias noches de albergue, pues se dice que colocar una pastilla, o algunas virutas, bajo las sábanas o al pie de la cama, ayuda a prevenir calambres nocturnos y aliviar los reumatismos.

El imperdible

Walter Hunt, cuáquero neoyorquino, fue un hombre peculiar, lleno de ideas y buenas intenciones. Por ejemplo: cuando inventó la máquina de coser, consciente del alcance de su descubrimiento, decidió no patentarla. Sabía que su infame creación reemplazaría buena parte de la mano de obra especializada y no quiso sentirse responsable de una ola de desempleo entre las costureras de la época. Corría el año 1833. Más adelante contribuyó a la invención de la campanilla del tranvía y la pluma estilográfica, e incluso ideó la primera máquina quitanieves.

Sin embargo, no era el tipo de persona que sabía sacar provecho de una mente tan creativa, por lo que a menudo estaba sin blanca: una deuda de quince dólares dio con sus huesos en el calabozo. Allí, en una húmeda celda de la Gran Manzana durante un día de primavera de 1849, mientras se atormentaba pensando en cómo devolver aquel dinero, se le ocurrió la idea que lo convertiría en una figura clave para nosotros los viandantes. Manipulando un simple trozo de alambre, doblándolo y retorciéndolo en varias formas, dio vida sin saberlo al primer imperdible: un alambre de latón de veinte centímetros con una espiral en un extremo, que actúa como muelle, y en el otro un cierre que oculta y bloquea la punta del alfiler. «Es vistoso», observó Hunt sobre el nuevo objeto en sus manos, «y al mismo tiempo más seguro y duradero que cualquier otro alfiler o cierre usado hasta ahora, ya que no hay uniones que puedan romperse ni pivotes que puedan perderse, como en otros modelos». Vendió la patente por cuatrocientos dólares y pagó feliz su deuda.

Cabe destacar que este humilde pero esencial objeto, estrechamente asociado a la maternidad y al cuidado infantil por su uso tradicional en la sujeción de pañales, cuenta con un antecedente primitivo que encierra un importante capítulo de la historia. El documento más antiguo escrito en latín arcaico está grabado precisamente en un antecesor del moderno imperdible: la conocida como fíbula prenestina, un broche de oro del siglo VII a. C. hallado en Palestrina que hoy se expone en el Museo Nacional Prehistórico Etnográfico Luigi Pigorini de Roma. En la inscripción —que originalmente se grabó de derecha a izquierda— puede leerse *MANIOS MED FHE FHAKED NVMASIOI*, que en latín clásico sería «*MANIVS ME FECIT NVMERIO*». La traducción sería «Manio me hizo para Numerio», en referencia al artesano que la creó (Manio) y al cliente que la recibió (Numerio). Esta especie de predecesor de la piedra de Rosetta es un pequeño objeto de diez centímetros fabricado en oro con una aguja puntiaguda protegida —para mayor seguridad— por una funda lateral abierta. A pesar de que este broche garantiza su inocuidad, el imperdible también puede ser peligroso: una historia de

Heródoto nos habla de un grupo de mujeres enfurecidas que usaron un arsenal de imperdibles para apuñalar y matar a un soldado ateniense.

De la versión antigua a la moderna creada por Hunt, o acompañándonos hoy en nuestros viajes, el imperdible siempre ha ocupado un lugar en la historia, hasta instalarse en el mundo de la moda.

A las dos de la tarde del 29 de abril de 1945, en la plaza Loreto de Milán, el cadáver de Claretta Petacci colgaba boca abajo de una viga metálica en una gasolinera Standard Oil. Edgarda Ferri, en *L'alba che aspettavamo*, la describía así: «Tiene las manos entreabiertas y las uñas pintadas de rosa claro. La camisa, ensangrentada y llena de barro, está desabrochada hasta la mitad, dejando entrever un pecho joven y terso. Bellísimo». Al izar el cuerpo la falda se había volteado «descubriendo el vientre desnudo, las caderas torneadas, el liguero rosa y las medias de seda. Se levanta un murmullo, mezclado con risas obscenas: no lleva ropa interior». En ese momento Piera Barale (apodada «Carla la Rubia»), que se encontraba debajo de ella, se quitó un imperdible y lo entregó al capellán de los partisanos, don Giuseppe Pollarolo; este mandó parar un momento, levantó la falda impregnada de polvo y sangre y con el imperdible la aseguró entre las piernas de Petacci. Un piadoso gesto de desagravio.

En los años cincuenta Cary Grant y Frank Sinatra lucían imperdibles de oro blanco como broches para sujetar los cuellos de sus camisas de seda. La reina Isabel los usaba en los reversos de sus trajes de *tweed*, mientras que para los punks de los setenta se convirtieron en símbolo de transgresión atravesando la piel en cualquier parte a modo de piercings, un gesto visible de libertad y protesta. Veinte años después, Gianni Versace los incorpora definitivamente a la alta costura transformándolos en elegantes complementos.

Indispensable para cualquier *kilt* que se precie, el imperdible sigue manteniendo en la tradición popular connotaciones protectoras: a los recién nacidos, el día de su bautizo, se les regala uno pequeño y de oro para fijarlo al babero como amuleto. Según la leyenda, las agujas de estos broches, por su naturaleza punzante, traen problemas. Y el antídoto contra esas desgracias sería precisamente nuestro pequeño tesoro. De hecho, hay quien ha calculado cuánto ha contribuido este objeto a reducir las maldiciones en el mundo, gracias a su capacidad de prevenir un pinchazo.

En algún punto de su gloriosa historia el imperdible se cruza con la vida del peregrino, acostumbrado por elección a renunciar a todo lo superfluo que lo rodea. El viajero moderno llena su mochila con pocos pero cuidadosamente seleccionados objetos, escogidos por sus características imprescindibles: ligereza, tamaño compacto e indiscutible necesidad en su día a día. Y si cualquiera puede reconocer las dos primeras características en nuestro imperdible, solo el caminante sabe cuánto y por qué es tan indispensable. Al llegar al final de la jornada, cuando se instala en el albergue que lo acogerá esa noche, la primera tarea del peregrino es lavar la ropa; con el mismo trozo de jabón de Marsella que usará para la ducha debe lavar cuanto antes la camiseta que ha llevado durante horas de caminata, con la esperanza de que se seque durante la noche. Un evento que por lo general rara vez ocurre. Así que por la mañana entra en acción nuestro famoso imperdible: indispensable para sujetar la camiseta aún mojada a la mochila, dejándola secar al paso lento del camino.

Los tapones para los oídos

Agotado tras un largo día de caminata llega el momento de relajarte en la litera, dispuesto a entregarte al sueño de los justos, consciente de que una noche reparadora recargará tus energías y te permitirá afrontar una nueva etapa de tu maravillosa aventura. De golpe, un ronquido intenta arrancarte de los plácidos brazos de Morfeo. Al principio no es más que el murmullo de una persona, pero pronto se le suman, de uno en uno, los más implacables perturbadores nocturnos, todo un ejército de roncadores crónicos capaces de transformar, en un abrir y cerrar de ojos, una velada tranquila en una infernal sinfonía de rugidos y suspiros. Una conspiración claramente tejida a espaldas de los más inocentes viajeros, una trama que podría desestabilizar las mentes más apacibles del camino, capaz de convertir al más pacífico de los peregrinos en un potencial asesino en serie. En cambio tú, sereno, con una leve sonrisa, metes la mano bajo la almohada y agarras el pequeño recipiente que con anticipación habías colocado allí. Sacas dos suaves cilindros de colores que tras una manipulación adecuada insertas en los canales auditivos de tus oídos. Al instante, desaparecen los ronquidos, desaparece la sinfonía infernal y finalmente puedes conciliar el sueño a sabiendas de que en el camino la calidad del descanso puede hasta salvarte la vida.

Igual que tú, otro ilustre viajero, uno de los más grandes recordados por la historia, utilizó tapones para los oídos para escapar de amenazas mortales. Hablamos por supuesto de Ulises, quien advertido por la hechicera Circe, al encontrarse con las seductoras y peligrosísimas sirenas —«las que hechizan a todos los hombres que van a su encuentro»— adoptó la misma estrategia. Con tal de huir del canto embrujador tapó con cera los oídos de todos sus marineros, para que así pudiesen remar rápido y con fuerza, lejos del peligroso embrujo. Él se abstuvo: atado de pies y manos al mástil del barco, deseoso de conocer y desafiar nuevamente al destino, quiso escuchar ese prodigioso canto, porque el verdadero viajero es curioso y valiente y no rehúye ninguno de los placeres (o padecimientos) que la aventura le ofrece.

La cera, como la arcilla, ha sido durante siglos el material primordial de nuestros preciados amigos nocturnos, aunque se han limitado al uso esporádico de algún aventurero. El ruido es un mal moderno: con la creciente industrialización Occidente pasó de ser un mundo en esencia silencioso a un continuo agolparse de nuevos sonidos, estridentes ruidos producidos por máquinas infernales. No fue hasta el siglo pasado que los tapones para los oídos se convirtieron en un producto lucrativo. El primero en entenderlo fue Maximilian Negwer, farmacéutico de Berlín y fundador en 1907 de Ohropax. Juntó la palabra *Ohr*, «oreja» en alemán, con *pax*, «paz» en latín, y creó una empresa que se consolidaría, irónicamente, con el estallido de la Primera Guerra Mundial. La producción masiva de tapones de cera Ohropax comenzó precisamente para abastecer a los soldados alemanes de la Gran Guerra y protegerlos del ruido de la artillería del Segundo Reich. Negwer demostró una gran visión como empresario, así como talento para la publicidad gracias a sus dotes de comunicación. Justo al acabar la guerra, los escaparates de las farmacias alemanas se llenaron de enormes orejas de exhibición que promovían la marca Ohropax; y las revistas y periódicos, de campañas publicitarias. En 1928 los tapones del farmacéutico de Berlín eran conocidos en toda Alemania y se exportaban hasta a cuarenta y dos países. A lo largo del siglo xx, la empresa experimentó altibajos, trasladó sus fábricas en varias ocasiones para sobrevivir a otra guerra mundial y a la división de Alemania, dejando Potsdam y el Este para finalmente asentarse en el Oeste, en Wehrheim, un pequeño pueblo de Hesse. En la actualidad las instalaciones de Ohropax, dirigidas por Michael Negwer, nieto del fundador, producen allí treinta millones de tapones al año que se envían a todos los rincones del planeta. Con una marca aún muy fortalecida y el lema «Pioneros del silencio», la empresa ha sabido adaptarse al nuevo milenio lanzando la línea Ohropax Color, porque incluso para escapar del ruido de fondo del mundo es necesario estar a la moda y elegir el color que mejor combine, por ejemplo, con el pijama.

Entretanto, al otro lado del Atlántico, después de treinta años recorriendo los Estados Unidos con la Symphony Orchestra de Detroit y de Cleveland, el músico Ray Benner aceptó la propuesta de un amigo farmacéutico y en 1962 compró por dos mil dólares McKeon Products Inc., una pequeña empresa productora de tapones. Ray era un gran amante del agua y su principal preocupación era proteger sus oídos de una infección recurrente que suele afectar los canales auditivos de los fanáticos de la natación y que se conoce como «otitis del nadador». Se puso a trabajar con su esposa Cecilia y al cabo de innumerables intentos y fracasos descubrió las milagrosas propiedades de la silicona: maleable y, sobre todo, impermeable. Con estos nuevos tapones diseñados por él, montó un negocio millonario y una empresa próspera que hoy en día, bajo la marca Mack's, domina el mercado.

Sin embargo, la composición de los tapones más comunes hoy en el mercado es obra del químico estadounidense Ross Gardner Jr., quien a finales de los años sesenta robó los últimos avances de los investigadores de la NASA. Inspirado en la espuma viscoelástica que se utilizaba para proporcionar el máximo confort a los astronautas americanos, así como en el material de relleno blando usado en algunos auriculares, en 1972 creó un material revolucionario: la espuma viscoelástica, o *memory foam*. Una resina con grandes propiedades de absorción de ruido, además de una extraordinaria capacidad de memoria, es decir, de regresar a su forma original. La bautizó E-A-R (*Energy Absorption Resin*) y comenzó su producción. Estos tapones para los oídos pueden comprimirse para insertarse fácilmente en el canal auditivo y luego recuperar su tamaño natural, proporcionando un mundo de silencio casi absoluto.

Hoy en día entre cera, silicona, PVC y poliuretano, hay tapones para todos los gustos y necesidades. Existen modelos especializados en neutralizar las frecuencias del ronquido; otros para amortiguar diversos tipos de música o distintos tipos de ruidos urbanos derivados del tráfico; tapones para prevenir la otitis de los nadadores e incluso para la otitis de los surfistas, otro acuciante problema con importantes secuelas; los hay en forma de tampón, cilíndricos, que se enrollan y luego se expanden en el conducto auditivo; los de cono, con más vueltas, hechos de goma blanda, que suelen llevar una cuerda para quienes temen, sin razón, perderlos dentro del oído; otros parecen de plastilina y tienen la ventaja de poder moldearse según la anatomía de quien los usa. Como toda ciencia que se precie también el aislamiento tiene su unidad de medida: el NRR (*Noise Reduction Rating*), que indica el número de decibelios eliminados por los tapones y se especifica en el embalaje correspondiente. Sin embargo, la eficacia de estos depende mucho de cómo se colocan y de la forma del oído.

Nosotros, viajeros de necesidades sencillas y sin grandes pretensiones, nos conformamos con los modelos más simples —seguramente coloridos—, que con una acción humilde logran un objetivo extraordinario: mantener nuestras noches libres de ronquidos, regalándonos un sueño profundo y nuevas jornadas de caminata llenas de energía. Listos para disfrutar, como el pionero Ulises, de todos los placeres que nuestra vida de peregrinos sabe ofrecernos.

La tirita

Lamentablemente las heridas, arañazos y otras lesiones son el pan de cada día en la vida de cualquier peregrino. Un rasguño en la mano o la rodilla al tropezar, un pequeño corte con una rama —o con nuestra propia navaja multiusos—, una espina traicionera clavada en la piel, las habituales e insufribles llagas en los pies... son situaciones con las que hay que lidiar y que convierten la vida del caminante en una auténtica aventura. Por ello nunca debe faltar en la mochila un pequeño kit de primeros auxilios que incluya al menos algo de desinfectante y otras tecnologías punteras, como la tirita.

Tal vez haya quien prefiera remedios como los de antaño y volverse brujo por un día usando los recursos que le brinda la madre naturaleza. Hace mil quinientos años, por ejemplo, para prevenir infecciones los egipcios utilizaban un poderoso antibiótico natural para las heridas: la miel. Mil años más tarde Hipócrates emplearía un método quizás menos dulce pero posiblemente más eficaz. El considerado padre de la medicina (cuyo padre decía ser a su vez descendiente de Asclepio, el dios de la medicina) fue también un gran viajero. En su juventud recorrió los confines de Grecia, llegando hasta Libia y Egipto, donde aprendió los antiguos secretos de la medicina custodiados por sacerdotes. A los treinta años logró contener la peste de Atenas, lo cual le granjeó tal fama que fundó su propia escuela de medicina. Hipócrates afirmaba que «la naturaleza es el médico de las enfermedades»: utilizaba vinagre como desinfectante para las heridas y para rematar hojas de higuera como apósitos para evitar infecciones. Este sistema, aunque efectivo, ciertamente no era indoloro. Por su parte los romanos empleaban ungüentos a base de plomo, plata y especias para tratar las heridas. Las especias, como el azafrán, el tomillo y la menta, se seleccionaban con cuidado por sus propiedades antisépticas

Si nos decantamos por un enfoque más científico y práctico, debemos avanzar algunos siglos para hablar de apósitos modernos. Lord Joseph Lister nació en 1827 en una acomodada familia cuáquera de Upton, en Essex. Su padre Jackson fue pionero en el uso del microscopio y el primero en medir el diámetro de los glóbulos rojos. El joven Lister estudió medicina, interesándose particularmente por unos experimentos sobre la inflamación y la coagulación de la sangre. Más tarde no sólo destacó como profesor de cirugía, sino que ante todo inventó e introdujo el método antiséptico, transformando la práctica quirúrgica pese a las resistencias iniciales. Su contribución fue tan significativa que la reina Victoria le otorgó el título de barón en 1897. Cinco años después y siendo considerado el mayor conocedor de la materia en Inglaterra fue convocado para tratar la apendicitis que aquejó al rey Eduardo VII días antes de su coronación. Un bajorrelieve de mármol con el rostro de Lister adorna el frontón de una de las fachadas principales del Policlínico Umberto I de Roma, concretamente en el pabellón de cirugía.

A nosotros nos interesa su revolucionaria contribución en lo que respecta al uso de la gasa antiséptica que, gracias a generosas dosis de ácido fénico, se convirtió en un recurso clave para la prevención de infecciones. Bernard Shaw escribió por aquella época que, gracias a Lister, «el fin del siglo huele a ácido fénico».

En 1886, inspirado por una charla de Lord Joseph Lister sobre desinfectantes, Robert Johnson reunió a sus hermanos James y Edward y los convenció de entrar en el mercado de los suministros médicos desechables. Nacía así en New Brunswick, Nueva Jersey, la compañía Johnson & Johnson. El primer producto que lanzaron fueron gasas estériles tratadas con el método Lister. En 1888, la empresa iba viento en popa gracias a sus kits de primeros auxilios, que contenían gasas estériles, vendajes y apósitos, y cuyas ventas se dispararon en poco tiempo. En sus inicios la Johnson & Johnson contaba con catorce empleados, de los cuales ocho eran mujeres; pero pronto la empresa prosperó y requirió más mano de obra. Entre los nuevos empleados se encontraba un joven comerciante de algodón, Earle Dickson, recién casado. Su mujer, la señora Dickson, era un ama de casa consagrada y llena de iniciativa, pero algo torpe y por ende particularmente propensa a los accidentes domésticos. Earle, preocupado por ella, ideó un ingenioso método para hacer frente a los constantes cortes que su esposa padecía al manejar cuchillos y otros utensilios. Cortó dos largas tiras de cinta adhesiva, las colocó en paralelo y pegó entre ellas un largo rollo de gasas (de Johnson & Johnson, por supuesto); luego cubrió todo con crinolina para evitar que los bordes se pegaran entre sí y así dejó a su esposa un sistema rápido y listo para usar en caso de hacerse daño. La idea del joven empleado llegó a oídos de James Wood Johnson, quien no tardó en darse cuenta de que se trataba de un nuevo producto listo para ser lanzado al mercado.

Así nació en 1920 la tirita, fruto del ingenio de un esposo preocupado. El negocio no despegó de inmediato pero el señor Johnson no se rindió. Pensó que solo era cuestión de encontrar la clientela adecuada, una clientela con las mismas características que la señora Dickson: torpe y propensa a los accidentes. ¿Y qué mejor clientela que un ejército de adolescentes revoltosos? Así fue como una remesa especial de las tiritas Johnson & Johnson se distribuyó entre las tropas locales de *boy scouts*, quienes pudieron probar la eficacia de esta nueva maravilla correteando por entre las ramas y arbustos de los bosques con sus pantalones cortos, para luego difundir sus mágicas cualidades por el mundo entero.

En 1924 Johnson & Johnson creó la primera máquina para la producción en serie de tiritas; más tarde, en 1942, se distribuirían por toda Europa a las tropas estadounidenses durante la Segunda Guerra Mundial y, en 1968, llegarían incluso al espacio como parte del equipo de primeros auxilios de los astronautas del Apolo 8. Un año después, durante el amerizaje del Apolo 12, una cámara se soltó de su soporte y golpeó en la sien al astronauta Alan Bean; es por eso que el cuarto hombre en caminar sobre la luna aparece en las históricas fotos de su regreso a la Tierra con el apósito de Johnson & Johnson en la cabeza.

Sin embargo, nosotros los viajeros, además de rasguños y heridas, tenemos otro enemigo mucho más traicionero: las ampollas. Ese es un tema aparte, porque no existe vendaje tradicional que ayude contra esas infames burbujas llenas de agua que nos hacen gritar de rabia y dolor a cada paso durante nuestras largas jornadas de caminata. Si hoy en día podemos aliviar semejante suplicio se lo debemos a una humilde y sensible enfermera danesa: Elise Sørensen. En 1954, a sus cincuenta años, sufría de depresiones profundas desde hacía tiempo. Seguramente lidiar a diario con las penurias de los demás no ayudaba. Pero cuando su hermana Thora, después de una delicada operación intestinal, se encerró en casa debido a la incomodidad que le causaba la colostomía en público, Elise sintió que debía hacer algo. Con su ingenio y la ayuda del matrimonio Louis-Hansen, ingenieros especializados en plásticos, ideó un nuevo material adhesivo, fino, no poroso, elástico y con propiedades extraordinarias: el hidrocoloide, que tiene la capacidad de aislar la piel subyacente mientras absorbe los líquidos excesivos, manteniendo así un ambiente suficientemente húmedo, fundamental para la curación. Este nuevo material, producido en una cantidad limitada, fue probado en hospitales de la zona. El éxito fue tal que en 1957 nació Coloplast, una empresa que en poco tiempo cambiaría la calidad de vida de generaciones de pacientes con estomas y otras lesiones cutáneas. Thora volvió a vivir, comenzó a salir de casa y recuperó su vida social. En cambio, Elise no superó su depresión: dejó su puesto de enfermera y ni siquiera el premio de cinco mil coronas danesas que recibió en 1963 por su invención fue suficiente para consolarla. Donó el importe total al centro psiquiátrico de su país, donde falleció internada en 1977.

Pero la invención de Elise continuaría su camino, y no solo entre los pacientes con cuadros más complejos. Poco después de su muerte, soldados del ejército danés comenzaron a cortar secciones más pequeñas de apósitos hidrocoloides para proteger los pies durante las largas marchas de entrenamiento. Los resultados fueron sorprendentes e inmediatos y, como por arte de magia, los pies de los soldados daneses no volvieron a sufrir de ampollas. Había llegado el momento de crear otra empresa destinada a cambiar la calidad de vida de los caminantes de todo el mundo: en 1981 nacía Compeed, aprovechando precisamente el material inventado por la enfermera Elise y el ingenio de los militares daneses. Así comenzó la producción en serie de apósitos para ampollas, un producto tan moderno e innovador que en 2002 logró incluso un lugar de honor dentro de la colección de diseño del MOMA de Nueva York.

Ese mismo año Compeed fue adquirida por Johnson & Johnson, cerrando el círculo de esta historia.

El GPS

«¿Quién soy?», se ha preguntado el ser humano desde el principio de los tiempos. Aunque, según parece, todavía no ha encontrado respuesta. «¿Dónde estoy?», en cambio, es la pregunta que el peregrino se plantea a menudo, renovando un interrogante que ha acompañado a navegantes, científicos y aventureros durante siglos. Por suerte para él hoy en día puede hallar la respuesta de forma rápida y precisa. Con precisión milimétrica, se podría decir.

«¿Dónde estoy?», se preguntó el verano de 1499 Américo Vespucio al llegar a las vírgenes costas de Venezuela. El navegante italiano tenía ciertas nociones de astronomía, dominaba el latín y poseía habilidades diplomáticas, pero no era un marinero profesional. De hecho, los auténticos lobos de mar lo miraban con desconfianza. Pero su cometido era mucho más elevado y ambicioso que simplemente conducir un barco a puerto. Vespucio velaba por los intereses de la poderosa familia Médici, que financiaba los imperios coloniales en las nuevas tierras. La tarea de Américo era determinar el tamaño de estos lugares, y no era una empresa sencilla: españoles y portugueses acababan de repartirse el mundo dividiéndolo por el meridiano que pasa cerca de las islas de

Cabo Verde, en el cuadragésimo sexto grado de longitud. Si en Brasil todavía se habla portugués es gracias a ese acuerdo firmado entre las dos superpotencias de la época. Así pues, el asunto era en esencia geográfico, pero sobre todo económico y político.

Establecer nuestra posición ha sido durante siglos un enigma que ha desafiado a los mejores científicos. Un elemento clave para resolverlo es garantizar la simultaneidad de un evento: según intuyó Ptolomeo, la observación simultánea de un eclipse lunar desde dos lugares diferentes del globo permite calcular la diferencia de longitud. Podemos decir que la suerte estuvo del lado de Cristóbal Colón cuando, cinco años antes que Vespucio, el 14 de septiembre de 1494, se encontraba cerca de Haití justo durante un eclipse lunar. Registró una diferencia de cinco horas y media entre la hora local del eclipse y la hora indicada en las tablas astronómicas de Portugal, deduciendo que se encontraba a ochenta y dos grados de las costas portuguesas. Vespucio no tuvo la suerte de presenciar un evento astronómico de tal magnitud, pero gracias a su ingenio y su infinita curiosidad recurrió a otro fenómeno celeste, aunque menor: la conjunción entre la Luna y Marte. Américo llevaba consigo las tablas compiladas unas décadas antes por el astrónomo Regiomontano. Al consultarlas supo que el 23 de agosto, en Ferrara —cuya longitud conocía con precisión—, este fenómeno ocurriría a medianoche. Se armó de paciencia y cuando el evento tuvo lugar en Venezuela echó cuentas y a partir de la diferencia horaria con Ferrara calculó la longitud de su punto de observación.

Durante al menos un siglo, el conocido como «método Vespucio» —con todas sus limitaciones y aproximaciones— sería el mejor sistema para medir la longitud de manera astronómica. En 1609, Galileo descubrió a través de su telescopio la existencia de cuatro satélites alrededor de Júpiter, el más interno de los cuales emerge de la sombra de Júpiter unas doscientas veces al año. Cada vez que esta «bombilla» se enciende es una oportunidad para sincronizar el mundo y calcular la longitud. Galileo llegó incluso a fabricar un aparato basado en este principio, que bautizó como *giovilabio*, un calculador mecánico que intentó vender sin éxito a la marina española.

A partir de mediados del siglo XVII, observar el cielo conociendo la hora local facilitó, aunque solo un poco, la respuesta a la pregunta: «¿Dónde estoy?». Siempre y cuando se formulase en tierra firme, claro. A bordo de un barco conocer la hora exacta seguía siendo un problema considerable: no había reloj que resistiese la humedad y los cambios de temperatura en alta mar. Así, fue más un relojero que un astrónomo quien marcó un antes y un después en la historia de la localización.

El inglés John Harrison ganó el Longitude Prize instaurado por la Marina de Su Majestad en el siglo XVIII. En 1761, su cronómetro H4 fue embarcado en una nave que partió hacia Jamaica el 18 de noviembre; llegó el 19 de enero, y en todo el viaje el H4 registró un desvío de apenas cinco segundos. Un logro revolucionario para la época.

Hoy en día el viajero que se halle frente a una encrucijada o que se angustie por haber perdido el rastro del camino ya no necesita astrónomos, relojeros ni complejos cálculos para conocer su posición exacta. Puede consultar el navegador de su teléfono y en menos de un segundo obtendrá su localización precisa en un mapa, con todo lujo de detalles. Esto es posible gracias a los veinticuatro satélites del Global Positioning System, más conocido como GPS, que con una asombrosa precisión le indican dónde se encuentra. En palabras del físico Sergio Giudici: «Si la superficie terrestre fuera del tamaño de un campo de fútbol, la precisión en la localización mediante satélites tendría un margen de error equivalente a un círculo de apenas unas centésimas de milímetro de radio, menos que el grosor de un cabello».

Sin duda, el viandante debe agradecer el ingenio y la curiosidad de figuras como Tolomeo, Galileo y Américo Vespucio; pero también el aporte de dos presidentes estadounidenses, y el sacrificio de 269 personas. El 1 de septiembre de 1983, un Boeing 747 de Korean Airlines que volaba de Nueva York a Seúl con escala en Alaska ingresó por error en el espacio aéreo ruso. La reacción de Moscú fue inmediata: un caza soviético Su-15 derribó el avión civil y terminó con la vida de todos a bordo. Un trivial error de ruta convertido en tragedia humana. Si el piloto del Boeing hubiese conocido con exactitud su posición no habría sobrepasado la frontera. Ese mismo día, el presidente de los Estados Unidos, Ronald Reagan, decidió regalar a la humanidad uno de los mayores proyectos de origen estadounidense. Días después del derribo del Boeing 747, Reagan anunció la liberalización mundial del sistema GPS, que por aquel entonces se encontraba en desarrollo en el espacio con fines militares. El Pentágono llevaba trabajando en el sistema

Navstar GPS desde los sesenta, pero la constelación de satélites no estuvo completa hasta 1993. El sistema GPS pasó así a estar a disponibilidad del público general, aunque con un pequeño —pero significativo— defecto: los Estados Unidos aplicaban una ligera distorsión a la señal procedente del espacio. Las efemérides de los satélites, es decir su posición exacta en el momento que emiten su señal, eran deliberadamente alteradas por la administración estadounidense. La información proporcionada se alteraba intencionadamente para limitar la precisión del GPS civil a un margen de cien metros. El objetivo era evitar que el sistema pudiera ser explotado por usuarios hostiles, pero era evidente que esta limitación reducía considerablemente su potencial.

Más tarde, la seguridad nacional dejó de ser una prioridad y entró en escena el segundo presidente americano de nuestra historia: Bill Clinton. El 1 de mayo del año 2000, Clinton anunció la eliminación definitiva de esta distorsión intencionada en las señales GPS y su puesta a disposición gratuita y sin restricciones para todos los países.

Desde aquel día histórico la carrera hacia la geolocalización masiva ha sido imparable. En la actualidad hay casi mil millones de dispositivos de localización en circulación en los bolsillos de algún usuario. Todos estos dispositivos funcionan con la misma constelación de veinticuatro satélites como si se tratase de un gigantesco reloj celeste que permite la sincronización mundial. El caminante no tiene más que consultar el navegador de su teléfono y de inmediato cuatro de los veinticuatro satélites en órbita cruzan sus datos sobre su posición. En cuestión de segundos responden con extraordinaria precisión a la eterna pregunta que lo inquieta: «¿Dónde estoy?».

Si por el contrario es la otra eterna pregunta («¿Quién soy?») la que os atormenta, sabed que no existen satélites capaces de daros una respuesta. No os queda otra que buscar en vuestro interior, tal vez poniéndoos en marcha.

La flecha y el sendero

Los primeros pasos de la humanidad los dio Argil, o algún pariente cercano. Pasos inseguros pero expertos, sinuosos aunque llenos de sabiduría; a veces difíciles a causa de la pendiente traicionera o el suelo inestable y engañoso, similar a la nieve helada en la superficie, quebradizo; donde a ratos el pie está firme y seguro y enseguida se hunde en busca de apoyo. En su descenso, el *Homo heidelbergensis* pisaba con cautela. De vez en cuando tropezaba y se ayudaba con una mano para levantarse mientras avanzaba hacia el agua de un manantial. Tal vez perseguía —bifaz en mano— a su presa: un ciervo, un caballo, un corzo... Era un buen cazador, un hombre seguro de sí mismo: por eso no corría ni huía, caminaba sin prisa, con precaución, a una velocidad de tres kilómetros por hora, como cualquier caminante de cualquier época. Seguía su sendero. El camino más lógico. Avanzaba en zigzag donde la pendiente lo exigía.

Los primeros pasos de la humanidad (o, mejor dicho, los primeros de los que se tiene constancia) dejaron huellas claras e inequívocas en las laderas empinadas del volcán de Roccamonfina. Hoy, en el Alto Casertano, en el pequeño municipio de Tora y Piccilli, se encuentra el sendero prehistórico más antiguo del mundo, recorrido por el hombre hace unos trescientos cincuenta mil años. Estas huellas fueron bautizadas como *ciampate del diavolo* («las huellas del diablo») porque solo el demonio podría caminar impunemente sobre la lava ardiente dejando para la posteridad su rastro diabólico. Sin embargo, se trata de las pisadas de un *Homo erectus* nómada, cazador y recolector.

Sobre su cabeza, la montaña escupía ríos de lava y soplaba cenizas que oscurecían el cielo cubriendo todo con un lóbrego manto gris. La mezcla tibia de agua y ceniza ralentizaba los pasos de nuestro héroe, que en un momento tropezó con este lodo que se iba enfriando. De vez en cuando la fina costra cedía bajo el peso del caminante, que se hundía entonces hasta media pierna. Nuestro hombre, acostumbrado a vivir en grupo, no estaba solo, y con sus dos compañeros caminaba sin prisa en busca de agua o alguna presa. Las huellas que los tres dejaban sobre la ladera de la montaña, petrificadas en la roca volcánica, nos dicen mucho sobre el caminante primitivo. Un caminante que trazaba su camino en curvas cerradas para salvar la pendiente sin optar por el camino directo, más difícil; que elegía la ruta tortuosa pero segura en lugar de la más fácil pero más traicionera; que avanzaba con prudencia. Sabemos que en un momento dado uno de los tres se separó y descendió en línea recta hacia abajo hasta llegar a un salto de dos metros; se detuvo, evaluó la altura, se agachó apoyando las manos en el suelo detrás de él y finalmente saltó. A otro se le hundió la pierna en el barro y tuvo que apoyar las manos para no caerse...

Gestos habituales para nosotros, los caminantes, como para los viajeros de cualquier tipo o época. Para la humanidad se trata de pasos fundamentales, pues trazan el primer sendero del que hay registro. No son pasos aislados y casuales, sino más bien el legado del camino más antiguo diseñado por el género humano.

«Deteneos en los caminos y mirad; preguntad por los senderos antiguos cuál es el buen camino, y andad por él; hallaréis descanso para vuestras almas», dijo el profeta Jeremías. Pero para hallar el camino correcto se necesitan señales. Porque del mismo modo que el camino lo crea el tránsito infinito de los hombres, el sendero lo diseñan los pasos de los caminantes; pero nosotros, peregrinos modernos, estamos acostumbrados a dejarnos guiar por indicaciones fiables, ya sean flechas, carteles o trazos de pintura.

En los inicios eran los *cairn* o túmulos, montículos de piedras de origen prehistórico que se usaban con fines funerarios o como punto de referencia para la orientación. En las montañas italianas, las piedras apiladas reciben el nombre de *ometti* («hombrecito», por su forma vagamente antropomórfica) pero su origen es tan antiguo que la primera mención se encuentra en el mito griego de Hermes. El dios de los confines y los viajeros terrestres (al que podemos considerar nuestro protector), un joven atlético con atuendos sencillos de caminante —un sombrero con alas, una bolsa, un bastón y un par de sandalias, con sus respectivas alas— termina, tras un juicio en su contra, cubierto por un enorme montículo de piedras: el primer *cairn* del que se tiene constancia.

En todo el territorio de los actuales Estados Unidos y Canadá también podemos hallar pilas de rocas delimitando senderos. Marcan caminos creados por los nativos para guiar las presas a los llamados saltos de búfalo, algunos de los cuales tienen más de doce mil años de antigüedad. Todos los pueblos indígenas de América del Norte erigían desde tiempos precolombinos pilas de rocas que servían como señales y puntos de referencia. En la Groenlandia de los nórdicos los *cairn* también se utilizaban para la caza, emplazados delimitando un sendero para guiar a los renos hacia un precipicio.

Estos «hombrecitos» forman parte integral del paisaje de las montañas italianas. Sólidos, integrados en el paisaje, lo suficientemente altos como para ser visibles incluso con abundante nieve, marcan senderos y puntos clave como pasos, cimas y zonas donde extremar la precaución. Tampoco es que los montañeses del pasado los necesitaran. Los ganaderos que guían el rebaño hacia los pastos, los pastores trashumantes o los ermitaños, han conocido desde siempre cada pliegue de los valles y se han movido con seguridad, sin miedo a perderse. Los bandidos y contrabandistas con más razón: prefieren territorios vírgenes, no señalizados, para poder transitar sin ser detectados. Sin «hombrecitos» de ningún tipo...

Cuando, a mediados del siglo xix, el alpinismo se convirtió en una actividad deportiva organizada, quienes se aventuraron en la montaña lo hicieron con guías de los valles que conocían al dedillo cada sendero. Carteles, flechas y señales no empezaron a decorar los Alpes hasta el periodo de entreguerras. Al principio se utilizaba una pintura de plomo de color rojo oxidado, visible en la niebla y resistente a las inclemencias del tiempo. Más tarde llegaría el rojiblanco del Club Alpino Italiano, carteles llenos de indicaciones y reglas estrictas. Hoy en día la señal perfecta mide ocho centímetros por quince y se imprime en roca lijada o cepillada para garantizar el máximo agarre y durabilidad.

Nada se deja al azar. Y nosotros, caminantes de todos los senderos del mundo, estamos ligados a esas señales inconfundibles, esas flechas amarillas, rojas, verdes o azules, como a un hilo de Ariadna que nos llevará lejos. Porque si la meta es el camino, que al menos esté claro y bien señalizado. Por ello debemos su reconocimiento a una figura que puede considerarse, con razón, el padre de todos los peregrinajes.

A principios de los años ochenta, don Elías Valiña Sampedro, párroco español de Cebreiro, sacerdote soñador y visionario, llenó su Citroën dos caballos de garrafas de pintura amarilla y, armado de pinceles, partió de Saint-Jean-Pied-de-Port trazando las primeras flechas del Camino de Santiago. Había pasado años estudiando la antigua ruta de peregrinaje medieval en libros de historia y dedicado su tesis de licenciatura de 1965 a los movimientos de masas de devotos hacia la tumba de Santiago Apóstol. En una época en la que nadie pensaba en retomar esos senderos él soñó con volver a llenar de caminantes las vías que van hacia el oeste. Estaba convencido de que valía la pena recuperar y promover el Camino, incluso a costa de parecer un chiflado.

De hecho, durante ese largo viaje, muchos lo tomaron por loco. Pero muchos otros, en cambio, abrazaron su sueño y se unieron con sus propios pinceles a este pionero de los caminantes. Las flechas amarillas se multiplicaron como un largo hilo de Ariadna. El párroco de Cebreiro llevaba la mochila repleta de ilusión, y la difundía en cada pueblo que pisaba: hablaba con expertos de cada zona, con otros párrocos y alcaldes para convencerlos de la necesidad de proteger el Camino de Santiago, de darle nueva vida. Poco a poco creó una red de colaboradores y voluntarios que lo ayudarían en el esfuerzo de marcar —por primera vez— una ruta olvidada desde la Edad Media.

Cuando llegó a los Pirineos, mientras pintaba flechas amarillas a lo largo de los senderos de montaña, fue detenido por una patrulla de la Guardia Civil de Navarra que le preguntó con recelo qué demonios estaba haciendo. Los agentes temían haberse topado con un miembro de ETA dejando peligrosas marcas. Don Elías, sereno, respondió: «Estoy preparando una gran invasión». Y a juzgar por los trescientos mil peregrinos que cada año caminan hacia la tumba de Santiago Apóstol, hijo de Zebedeo —pescador del mar de Galilea, inmigrante irregular en la Europa imperial tras la muerte de Jesús— se puede decir que acertó. La gran invasión no llegará a verla en persona (muere a los sesenta años, en 1989) pero inevitablemente debemos recordarlo: porque nos dejó una flecha amarilla —icono inconfundible de nuestras pasiones— y un Camino por andar.

La sombra del peregrino

No hay compañera más fiel en el camino. Humilde y silencio-
sa, está a tu lado en cada paso: larga y extendida en las primeras horas de la mañana, más próxima y recogida al mediodía.
Si al partir te diriges hacia el oeste, te guía; si caminas hacia
el sur o el norte, te flanquea; y si tu dirección es el este, te
sigue fielmente. Sin separarse en ningún momento, se adapta
a las irregularidades del terreno sin tropezar; no se cansa ni
se detiene a menos que tú lo decidas. Nunca se queja de tu
velocidad ni de tu lentitud.

Tu sombra mide tu avance, marca el ritmo de tus pasos
y es un referente seguro y tranquilizador en las solitarias jornadas del caminante. Puedes caminar horas observándola,
hablarle para compartir la alegría de un paisaje, o desahogar-
te con ella por la frustración y el cansancio. A través de ella
puedes comprender mejor tu estado, el nivel de agotamiento
o la ligereza del andar, e incluso decidir si es momento de
detenerse o continuar. Tu sombra puede reflejar mejor que
un espejo si la mochila está bien ajustada, el sombrero bien
calado, o si el bastón acompasa el movimiento de las piernas. La conexión entre vosotros es perfecta, una pareja ideal.
Mirarla es hipnótico y con el paso de las horas la relación se

vuelve casi mística. Los Salmos del Peregrino dicen: «El Señor es tu guardián, el Señor es tu sombra y está a tu derecha». La sombra es símbolo del hombre que camina, del viaje por el desierto: es ella quien protege al viajero, sin separarse jamás, ligada a su existencia.

No hay, en esencia, peregrino sin sombra.

Sin embargo, existe una sombra que ha quedado sin dueño. Aparece cada noche, tras el ocaso, en un oscuro y misterioso rincón detrás de la catedral de Santiago de Compostela. La sombra del peregrino vaga de noche por la praza da Quintana, entre la Puerta Real y la entrada de la Puerta Santa. Acude con puntualidad a los pies de la Torre Berenguela, donde hay un enigmático reloj con una sola aguja, pues las horas las marca una campana. Se dice que, si a medianoche en lugar de las habituales doce campanadas suenan trece, el demonio gozará de una hora mágica para recorrer la ciudad sembrando discordia.

No hay rastro alguno del demonio, pero la sombra del peregrino está siempre allí, a la vista de cualquiera. Aparece al caer la noche con el atuendo medieval, la capa, el sombrero y el bordón y se esfuma al amanecer. Sobre esta sombra circulan varias leyendas. No es casualidad que more en Galicia, tierra mágica por excelencia. Se dice que podría ser el espectro de Leonard du Revenant, un peregrino del siglo xv, hijo de un noble parisino, quien impaciente por echar mano de la suculenta herencia, asesinó sin piedad a su padre. Pronto fue descubierto, juzgado por el duque de Borgoña y condenado a realizar un peregrinaje penitencial hasta Santiago.

Sin embargo, nada más cruzar los Pirineos, Leonard se cruzó con una atractiva tabernera y se enamoró de inmediato. Se enteró de que estaba comprometida con un joven lugareño y, celoso, tramó la muerte de ambos. Una vez cometido el doble homicidio se disfrazó de fraile franciscano para pasar desapercibido y prosiguió su camino. Al llegar a su destino, agotado, se durmió en la parte posterior de la catedral. En el sueño vio a su padre, y este le dijo que, aunque hubiera expiado el primer crimen, para heredar necesitaba el perdón de sus otras dos víctimas. Furioso, Leonard desenfundó la espada, pero el padre se la arrebató y lo mató. Desde entonces su espectro vaga esperando el perdón de las almas de los jóvenes amantes.

La praza da Quintana se divide en dos partes por una escalinata. La parte superior es la Quintana de Vivos y la inferior la Quintana de Mortos, que durante siglos fue un cementerio, así como escenario de hogueras inquisitoriales. Bajo la escalinata hay un pasaje secreto que conecta la catedral de Santiago con el Real Monasterio de San Pelayo de Antealtares. Otra leyenda narra los encuentros nocturnos entre un monje de la catedral y una monja de clausura del convento en plena Edad Media. Gracias a este pasadizo, el fraile podía llegar hasta la monja del convento y disfrutar conversando de noche con ella. Durante sus encuentros furtivos bajo las piedras de la gran plaza hablaban por horas sobre la vida y los sentidos amorosos. Tanto es así que a fuerza de intercambiar emociones y confidencias el amor floreció de verdad, y con él la intención de darle un giro decisivo a la vida.

Se citaron por última vez a medianoche, pero esta vez en la plaza, bajo la luz de la luna. Juntos, huirían hacia un destino de libertad donde poder vivir su aventura romántica lejos de miradas reprobadoras. El monje llegó puntual al lugar acordado, vestido de peregrino para no levantar sospechas, pero la monja no apareció. El dolor del fraile, por supuesto, fue enorme, pero más fuerte fue su esperanza: desde entonces se presenta puntual cada noche en el punto convenido, seguro de que algún día encontrará a su amada. ¿Es acaso la sombra que aparece al anochecer tras la catedral de Santiago un alma en pena, el fantasma de un sacerdote enamorado, condenado a peregrinar eternamente sin resignarse al abandono?

Nosotros nos decantamos por una última versión: que la sombra que aparece bajo la Torre del Reloj es la del peregrino —de todo peregrino—, la que lo acompaña paso a paso, aunque invisible, a lo largo del Camino de Santiago, que le brinda apoyo en los tramos más difíciles del Camino, pero que solo se muestra ante la tumba de Santiago.

Porque únicamente al final del camino podemos por fin encontrarnos a nosotros mismos.

El arte de hacer la mochila según...

Durante las distintas fases del proceso de escritura de este pequeño libro varias veces me pregunté si la idea de la íntima relación con nuestra mochila era una manía personal, una fijación propia que sería mejor no compartir con nadie.

En todos los caminos que recorro me detengo a observar las espaldas de los demás caminantes y a menudo me sorprende el estilo de estos compañeros de viaje ocasionales: me asombra la elección de un modelo de mochila en particular o me molesta la dejadez con que la llevan; me incomoda ver los bártulos colgando sin orden alguno o me irrita la mala distribución del peso. En resumen: que el problema soy yo. Y que los demás, sin duda, viven mejor. Más tranquilos.

Pero luego, no satisfecho, cuando camino acompañado me dedico a tantear el terreno con discreción. Como quien no quiere la cosa dejo caer alguna pregunta, algún comentario sobre el peso que llevamos sobre los hombros. Aparentando indiferencia trato de comprender cómo piensa mi compañero de camino, cuánto tiempo dedica a preparar su mochila, a decidir qué meter en ella, a ponderar cada objeto. Al final termino por descubrir que no estoy tan solo.

Ante todo, existen varias filosofías sobre las marcas de mochilas. Y luego sobre los modelos: están los defensores del respaldo separado, y por tanto muy ventilado, y los del contacto total. Aireado, ventilado, ajustable o ergonómico... Bolsillos externos, ¿a favor o en contra? Están los que lo meten todo a lo loco y los que separan todo en bolsas transparentes organizadas por categorías; los defensores de la riñonera y los que la detestan...

En fin, el arte de hacer la mochila es algo que cada uno interpreta a su manera. Tal vez nadie se haya preguntado jamás la historia que hay detrás de un imperdible o quién fue el creador de la receta original del jabón de Marsella. Pero al menos hay quien vive de manera íntima esta relación con el macuto que cargamos sobre los hombros y con el que compartimos largas jornadas de camino.

Convencido de que la manera de vivir esta relación denota la personalidad de cada uno decidí pedir a seis destacados caminantes —también reconocidos escritores— que abrieran su mochila y nos dejaran husmear en su interior. Tres simples preguntas dieron lugar a seis pequeñas pero valiosas entrevistas.

1. *¿Qué relación tienes con tu mochila?*
2. *¿Cuál es el objeto que es imprescindible por su utilidad que no puede faltar en tu mochila?*
3. *¿Hay algún objeto fetiche, incluso innecesario, en tu mochila? ¿Alguna especie de talismán del que nunca te separas cuando viajas?*

Fabrizio Ardito[1]

1. Ante todo amor, pero a veces también odio. Le tengo mucho cariño porque es la mochila que me ha acompañado en todas mis andanzas, y cuyos colores el sol ha ido apagando poco a poco. Hay días que no la soporto, porque pesa demasiado (solo la mochila ya son dos kilos, que no es poco). Y sospecho que de vez en cuando ella tampoco está contenta: cuando hace mucho calor la correa derecha chirría un poco, como si también se quejara. Además la envidio, porque tiene una vista panorámica del paisaje; en cambio, yo solo miro hacia adelante. Dicho esto, mi mochila roja Karrimor es, sin duda, muy cómoda y cuando la deposito en el suelo de un bar o frente a un albergue junto a muchas otras, siempre luce como es debido.

2. Un cuaderno o libreta con un bolígrafo y un lápiz (muy útil si las páginas están húmedas y el bolígrafo no funciona). Siempre estoy apuntando cosas: la longitud de cada etapa,

---

[1] Periodista, fotógrafo y escritor romano, Fabrizio Ardito ha recorrido los principales caminos europeos, sobre los que ha escrito varios libros y guías. Con Vegueta Ediciones ha publicado *Cómo sobrevivir al Camino de Santiago*.

nombres de personas (si no los olvido antes), opiniones, lugares que quiero recordar. Admiro a las personas que toman notas como yo pero usando todo tipo de gadgets electrónicos (teléfonos o tabletas). Para mí no hay nada mejor que una bonita página cuadriculada para rellenar. En mi biblioteca hay un desorden de cuadernos y libretas que me permiten recordar y reconstruir casi cada viaje. Con ellos alimento la nostalgia de los días transcurridos en el camino.

3. En mi mochila siempre hay varias cosas inútiles. En ocasiones he cargado con objetos extraños cuyo único propósito era hacerme compañía: una pequeña estatua de madera de Ganesha (muy pequeña) viajó conmigo en una lujosa bolsita de terciopelo rojo tanto en el Camino Portugués como en la Vía de la Plata. ¿Me trajo suerte? No lo sé. Pero en estos casos lo mejor es no preguntarse demasiado: lo importante es la idea.

Enrico Brizzi[2]

1. Mi relación con la mochila ha evolucionado con los años, al igual que mi relación con el camino en general.

La primera mochila que tuve fue para mi primer campamento escultista con los lobatos, en 1983. Era de color azul, con un armazón externo de tubos de aluminio y correas fijadas a la estructura mediante cuatro resistentes grapas, que por desgracia tendían a oxidarse y hundirse en la carne para luego romperse en mitad de una excursión.

A finales de los ochenta pasé a una mochila más moderna, parecida a un petate militar pero con dos bolsillos laterales y respaldo de espuma sintética; de la marca Seven, si no recuerdo mal, y con una combinación de colores que hoy resultaría inaceptable: verde menta y violeta.

Más tarde adquirí una Salewa de sesenta y cinco litros que todavía uso para salidas autónomas, es decir cuando llevo tienda de campaña y lo indispensable para comer.

---

[2] Desde su brillante debut con *Jack Frusciante ha dejado el grupo*, Enrico Brizzi se ha consagrado como uno de los novelistas italianos más influyentes de la nueva generación. Ha hecho del camino todo un género literario.

Sin embargo, normalmente uso una mochila más pequeña y ligera, de unos cuarenta y cinco litros.

Debido a la exigencia de los largos viajes (la Vía Francígena de Canterbury a Roma, la Vía de los Palmeros de Roma a Jerusalén, el recorrido de los ciento cincuenta años de la Unidad de Italia desde el Tirol del Sur a Sicilia, el Camino de Santiago desde Turín a Finisterre...) no tardan en desgastarse. Por buenas que sean, no suelen durar más de cuatro o cinco temporadas.

A lo largo de los años he tenido una Deuter con respaldo de malla, una Vaude y una Mammut para alpinismo (estilo petate militar, vertical, sin bolsillos laterales, con enganches para raquetas y bastones para salidas invernales). Esta última recuerdo llevarla al límite durante el viaje a Finisterre que narré primero para los lectores de la *Gazzetta* digital y más tarde en la novela *El sueño del dragón* (publicada en 2017 por la editorial Ponte alle Grazie y en colaboración con el Club Alpino Italiano).

Es interesante ver cómo al principio uno carga la mochila hasta los topes y con el tiempo aprende a reducir cuidadosamente su contenido. Mi primer viaje con la mochila hasta arriba lo hice con veinte años: me eché a la espalda un mastodonte de unos veinte kilos. Para evitar imprevistos, y en vista de los vivacs en plena naturaleza que nos esperaban, me llevé incluso un hacha para cortar leña. Huelga decir que me costaba caminar y mi cuerpo se resentía.

Otra cosa que me llama mucho la atención es cómo varía el peso de la mochila entre el inicio y el final del viaje. Cuando caminamos del Tirol del Sur a Sicilia por el 150 aniversario de la Unidad Nacional partimos en abril desde los altos valles nevados de Aurina, con ropa de alta montaña y un total de dieciocho kilos de peso; llegamos a Capo Passero en julio con las mochilas casi vacías y un peso total de apenas seis kilos a la espalda.

Es como una metáfora: las certezas y prejuicios que cargamos ante la emoción de una prueba exigente están hechos de una materia vil, tosca y pesada, difícil de romper y tenaz en su resistencia; al principio del viaje pesan en la mochila orgullosos y recios como yunques.

En cambio, las inquietudes y perspectivas que surgen durante el viaje son ligeras como el pudor de la juventud o la esperanza de una madre que ruega por la paz. Frente al lastre que hemos soltado pueden parecer mitológicas plumas doradas, moléculas de pura luz, las simples plegarias de un niño. Con un peso tan liviano a la espalda se anda más ligero, ascendiendo con buen paso por el rosario de señales, al fin consciente de la suerte de quienes aprenden, horizonte tras horizonte, a ver el mundo con ojos nuevos, a maravillarse por todo, a disfrutar de la bendita locura que convierte cada paso en una nueva caricia a una tierra amiga y misericordiosa.

2. Tres metros de cuerda, junto con un mechero y un cuchillo, para improvisar cordones para las botas. Quien haya tenido la experiencia de enfrentarse a una bota rota en medio de la montaña sabe lo que significa caminar con un zapato que ya no se ajusta como debería, que hasta parece tener vida propia.

El mismo cordel puede servir para ataduras de emergencia o para asegurar objetos a la mochila.

3. Llevo varios objetos ligeros pero de gran valor sentimental. Suelo llevar algo pequeño —una pinza, un animalito, algún aparatito— que me han dado previamente cada una de mis cuatro hijas, para sentirlas cerca.

Por otro lado, hace años un vecino de cierta edad a quien conozco desde la infancia me regaló su pañuelo tricolor de partisano. «Yo ya estoy viejo, llévalo tú que todavía tienes buenas piernas», me dijo. Desde entonces nunca he salido sin él.

Roberta Ferraris[3]

1. De vez en cuando, durante el invierno, contemplo mi mochila colgada en el armario. Es como un armario dentro de otro, un armario de cincuenta litros de capacidad, tela roja descolorida por el sol y un leve tufo a sudor a pesar de los incontables lavados con cepillo de crin y jabón de Marsella. El olor del esfuerzo. La mochila se fusiona conmigo paso a paso, al subir o bajar de un tren, un barco, o bajo el sol durante horas. No puedo evitar tener una buena relación con este otro armario, que casi me supera en tamaño. Por otro lado, cómo no iba a tenerla si paso más de tres meses al año con su peso sobre mis hombros, con sus tirantes y correas abrazándome con toda la amabilidad y ergonomía posible. Si a veces la cargo demasiado, la culpa es mía. Pero soporto su peso porque, diseñada como está para distribuirlo de manera óptima en mis huesos, me permite andar con ligereza por

[3] Técnica en Guía en el Medio Natural y autora de guías turísticas (tanto a pie como en bicicleta), libros de cocina y manuales sobre sostenibilidad ambiental. Con una combinación de inconsciencia y sagrado entusiasmo, vive en una solitaria casa rural en la región de Langa.

entre la multitud que arrastra ruidosas y voluminosas maletas con ruedas; me permite subir y bajar los escalones de Cinque Terre y los senderos escarpados de Cerdeña; protege mis cosas de la lluvia primaveral en la Vía Francígena y no me desestabiliza por el viento en los caminos alpinos del Glorioso Retorno. La contemplo colgada en el armario, inerte en los días invernales, y me invade una oleada de cariño.

2. No hay nada en mi mochila que no haya sido cuidadosamente evaluado, sopesado y manoseado antes de ser admitido: ¿realmente es necesario o puedo prescindir de ello? Cualquier cosa es útil, o podría serlo, en caso de emergencia. Sin embargo, como persona que no tiene buena vista, un objeto indispensable o extremadamente útil en mi caso podría ser el frontal. Situaciones donde más lo he utilizado: la más obvia, al llegar la oscuridad, cosa que tarde o temprano y por las razones que sea le ocurre a todo el mundo. Otras situaciones: iluminar el agua turquesa de un manantial que nace en la roca, o un fresco en una iglesia rural. El lado práctico: salir a mear de noche sin molestar en el dormitorio, o poder leer en la intimidad de tu saco de dormir mientras los demás descansan.

3. A pesar de lo medido y calibrado del equipaje siempre acaba por colarse al menos un objeto innecesario pero gratificante. Siempre es distinto: unas veces puede ser una bufanda colorida, otras un frasquito de perfume, un collar, un esmalte de uñas... Cosas de poco peso que se meten en la mochila en el último momento, como si hubieran escapado al control de la parte izquierda y racional del cerebro. Luego hay un objeto que no está en la mochila, pero que me acompaña día y noche, y

está ligado a un viaje a Cerdeña. Al salir de la estación de Porto Torres, en la entrada, le pregunté a una persona cómo llegar hasta el puerto. Me lo explicó con detalle y su explicación fue de gran ayuda porque debido a la feria el autobús no paraba en su lugar habitual. Le di las gracias y me pidió que le comprara un brazalete de cobre, que allí no se vendía nada y no había trabajo para nadie. Le ofrecí diez euros y a cambio me dio dos brazaletes de cobre. Desde entonces no me los he quitado. Son un vínculo con mi amada isla.

Luca Gianotti[4]

1. Amo mi mochila, porque representa la libertad. La libertad de salir con todo lo necesario y no depender de nada ni de nadie. Siento lástima por los defensores de las maletas con ruedas. Los miro con compasión y me pregunto cómo pueden, pobrecillos, arrastrar ese feo objeto rectangular, picudo, haciendo esfuerzos enormes, atascándose en escalones y pasos estrechos. En el aeropuerto los adelanto a todos, alegre, con mi mochila perfectamente ajustada a la espalda.

En la mochila no debe haber nada inútil. Si contiene algo innecesario, pesa. Una vez me regalaron un libro bastante gordo durante una caminata y, ¡caray!, la mochila pesaba tanto que no podía soportarlo. Al final dejé el libro por ahí y al instante me sentí mejor; ya ni siquiera notaba la mochila. Lleva tiempo acostumbrarse a la propia mochila; es un proceso, como una prueba iniciática: solo quien supera los primeros tres días indemne puede disfrutar del viaje. Porque después la mochila deja de sentirse y se convierte en parte de uno mismo.

[4] Guía de senderismo y fundador de La Compagnia dei Cammini, Luca Gianotti ha recorrido medio mundo a pie recogiendo su experiencia en varios libros.

La mochila nos obliga a aprender a diferenciar entre lo superfluo y lo necesario. Se aprende que lo realmente necesario es poco: se puede hacer un camino de un mes con menos de diez kilos a la espalda.

Desde hace algunos años mi mochila preferida es de una marca americana muy técnica: Osprey. Siempre uso el mismo modelo; cuando una se gasta por el uso, la cambio por otra igual. Hay que tener química con la propia mochila, así que cuando encuentras una que te queda como un guante, no la cambias. Por cierto, las mochilas, al igual que la ropa, tienen tallas. Así que atención, ¡hay que asegurarse de que la compramos a nuestra medida!

2. La bolsa de agua, ese depósito de plástico blando que se coloca en un compartimento especial de la mochila y del cual sale un tubito que queda cerca de la boca. La utilizo desde hace pocos años. Antes la despreciaba, prefería la cantimplora de metal. Pero luego tuve problemas de cálculos renales y esta bolsa me ha salvado. Bebo antes de tener sed, a pequeños sorbos, y así nunca llego a deshidratarme. ¡Es realmente útil!

3. No tengo. Porque si lo tuviera siempre me estaría preguntando si la mochila pesa por culpa de ese objeto y si debería abandonarlo o no. Tener objetos fetiche significa estar atado, la pequeña esclavitud de las cosas. Yo prefiero ser libre. Luego si durante el camino encuentro una piedra o una concha particularmente bonitas las recojo y se las llevo a mi hijo.

Luigi Nacci[5]

1. ¿Soy yo quien dice «mi mochila» o es la mochila —el «mochilo» quizá— esa criatura espaciosa e híbrida, quien dice «mi caminante»? Nos pertenecemos. A veces la llevo, a veces me lleva. Hay mañanas que pasa de que la carguen otra vez, que la organicen de nuevo. «Organízate tú», me dice. Puede llegar a pesar toneladas, sobre todo en los primeros días de camino, cuando aún soy un ser lóbrego y lleno de palabras inútiles, y en cambio ser imperceptible al cabo de unas semanas, hasta desaparecer. Puedo pasar noches enteras en un refugio buscándola. Nos buscamos, cuidamos el uno del otro, peleamos: somos dos amantes que no pueden dejarse, aunque lo han intentado. Hay algo que nunca deja de hacer: cargar con mis sombras y mis demonios. Lo hace sin que se lo pida, sin reprochármelo; lo hace y punto. Sin mochila no hay camino.

2-3. No necesitamos nada. Amuletos, *madeleines*... ¿quién no los tiene? Madrigueras donde calentarse en las etapas

[5] Luigi Nacci, natural de Trieste, es profesor, periodista, poeta y escritor. Es fundador y guía de The Rolling Claps, una iniciativa dedicada a redescubrir las antiguas rutas de peregrinación y viandanza.

heladas, que parecen no tener fin. Precisamente por eso debemos aprender a deshacernos también de las madrigueras, porque el camino invita a dejar atrás nuestra casa, la idea de uno mismo; de uno mismo en el centro de la casa y las puertas cerradas en las habitaciones cerradas de la casa. La concha que recogimos en Langosteira, la piedra que nos dio un caminante al que no volvimos a ver, la página del libro perfecto o cualquier otro fetiche: todo puede dejarse en el sendero, todo es prescindible y sin ceremonias.

Olvidar mucho, olvidar la meta, olvidarnos de nosotros mismos.

Paolo Rumiz[6]

1. La relación con mi mochila es un conflicto constante. Cuanto más pasan los años, más envejezco y más intento vaciarla, quitar cosas y aligerar su peso. Pero ella se resiste, quiere ocupar su espacio, imponer sus dimensiones. Es un ejercicio continuo de reducción. Me gusta la metáfora del globo aerostático: hay que soltar lastre porque el mejor viajero es aquel que parte ligero. En el fondo existen dos tipos de personas: los camiones y los globos aerostáticos. Los primeros no tiran nada: acumulan y acumulan hasta el final de sus vidas. Los segundos, con el paso de los años, aprenden a soltar lastre para poder volar. El caminante debe poder cargar todo en su mochila para ser libre de aprovechar al vuelo las oportunidades que el camino le ofrece.

La batalla con la mochila es un continuo esfuerzo por quitar. Es exactamente lo mismo que me sucede con la escritura. Cuando escribo, lo más gratificante, lo que me proporciona un placer casi físico, es cuando consigo quitar, quitar,

[6] Escritor y periodista, caminante y viajero, Paolo Rumiz ha recorrido el mundo en tren, en bicicleta, y a pie. En 2016 publicó *Appia*, un redescubrimiento a pie de la antigua vía romana.

quitar... Y a fuerza de restar todo mejora, porque cobra valor. Lo mismo sucede con la mochila.

2. Mi abuela siempre decía, en alemán: «*Geld, Papiere und Karten*». Dinero, documentación y mapas. Estas son las tres cosas que uno debe llevar siempre consigo. Son esenciales, no pueden faltar nunca en mi mochila. La triada indispensable.

3. En mi mochila lo que marca la diferencia es precisamente el objeto inútil, ese capricho que te proporciona un mínimo confort y te hace sentir por encima de la brutalidad de la naturaleza. Yo siempre llevo dos de esos objetos inútiles. Una armónica, que toco sobre todo en los momentos de soledad durante el camino. Me ayuda a superarlos. La música es importante: cuando viajo a pie canto y así el ritmo del canto mejora el paso. La armónica es excelente para tocar marchas que encajan con el ritmo de la caminata.

El otro objeto es un komboloi, un rosario laico. Tengo dos: uno me lo dio un amigo griego llamado Leónidas; el otro es un rosario de oración greco-ortodoxo que me regaló un chico ruso al que conocí en un tren. Acababa de salir de la cárcel y pude percibir su incomodidad, su actitud vigilante, aún marcada por esa experiencia. Le di mi navaja y él, emocionado, con lágrimas en los ojos, me regaló su komboloi. Siempre van conmigo, a veces uno y a veces el otro.

En conclusión

Gracias a Fabrizio Ardito, Enrico Brizzi, Roberta Ferraris, Luca Gianotti, Luigi Nacci y Paolo Rumiz por haber aceptado abrir sus mochilas.

Gracias —más vale tarde que nunca— a Manlio Gasparotto porque si empecé a escribir «con los pies», también es gracias a él.

Gracias —por su ayuda y disposición— a Chiara Broggini y Giulia Bovi, Giovanni Pesce y Marta Rezzolla, Giorgia y Nicole Vitali, Arman Mariani, Francesca Bertini y Arianna Della Beffa, Luca Calzolari, Tania Rao Torres y Luciana Senna.

Gracias —por supuesto— a la mochila, los zapatos y el bordón, al lápiz y al cuaderno, a la lente de Fresnel, a la navaja suiza y al forro polar, a la cremallera, al jabón de Marsella, al imperdible, a los tapones para los oídos, a las tiritas y al GPS: porque ellos son los verdaderos protagonistas del camino, los artífices del viaje. Gracias a la flecha y al sendero. Y a mi sombra, que siempre me acompaña...

Gracias a la Francígena por devolverme a casa.

Gracias —infinitas— a Daniela y Sofia, porque el mejor camino lo hago con ellas.

Y gracias al camino.